基地内大学院

最も近くて遠い学校

"We all have hopes"

南城秀夫

長かった昭和の時代が終わって、坂を登り終えた日本は、へーセーという何だか平べったく広がる高原に達したようだった。この沖縄も遅ればせながら豊かな社会として一段落するはずだった。

大人になったぼくは再び高校生をやり直す気分になって登校する。そこは嘉手納基地内にあるカデナ・ハイスクールだった。

登校する迷彩服を来た兵隊たちの数が増す。彼らは、叶えられなかった学生生活を取り戻すかのように黙々と歩いてくる。日中の肉体訓練で筋肉中の乳酸が飽和点に達し、体が動かなくなって自室のソファで少し寝転んだ後、えいやと起きだして、足りない知的訓練を補うかのように、あるいは退役後の仕事の確保のために、各々の志を抱いて教室に向かう。

　蛍光灯に照らされて軍人と肩を並べた夕べ………………

生涯教育と声高にいえども、それでキャリアアップを普通に図るアメリカの方がよっぽど学歴社会かもしれない。

　ぼくは礼儀として、また彼らと巧くやっていくために、あえて彼らの所属だとか階級だとか、ミッションについて語ることを避けていた。そのようなことを追及すると、たちまち拒否反応が起こるだろう。厳しい任務の後、私服に着替えて登校する彼らは只の学生であり、ぼくらの付き合いは、この範囲内にとどまっていたので、彼らの動向は知らない。だが、彼らが砂漠の嵐に巻き込まれなかったはずはない。

基地内大学院　目次

最も近くて遠い学校

基地内大学院

"We all have hopes"

1　嘉手納基地

金網はねじ曲がって菱形になっているが、良く見るとそれぞれ長い1本の棒が互いに絡み合っている。それは、しっかり手をつないだ強固な連携だ。戦さの、かもしれないが、隣人に銃口を突き付けているわけではない。それは防御の姿勢であり、権威であり、拒みであり、不信である。

異質なものが、例えば太平洋の向こう側の国が土や岩盤もろとも巨大な円盤になってこの地に遠く飛んできて、ランディングしたように、地元に対して、できるだけ関わるなと嘆願している。あなた方には知らない世界の事情がある。われわれはただ地の利を得たいだけなんだ、と。それ自体が人を傷つけるのは、こちら側に向かって傾いだ、金網の上に並んだ針金の鉄条網だ。乗り越えようとする者はガードが駆けつける前に、手を痛め、足を痛め、腹部を傷めるだろう。

ぼくはその中で働いている訳ではないが、合法的にその網を乗り越えることが出来る。網の向こうに目の焦点を合わせると、きれいに刈り込まれた芝生の緑がゆるやかに波打ち、その先のやはり五分刈りされた緑の丘から白い建物の屋上が見える。他の軍施設のビルディングと何ら変わらない機能だけの造り。だが、そこはカデナ・ハイスクールで教育の府である。

高速道路を降りて、国体道路から第5ゲートに近づくと、のっぽの黒人のガードが、膨れた赤い唇を見せて、ふらりと検問所から出てくる。ガードに、おもむろにパスを見せると、ハイといった緩やかな敬礼をし、ぼくはにっこり笑って通り抜ける。暗くなって検問所に近づく時にはライトを消すように注意されることもあった。そのときにはあたかも大事件であるかのように仁王立ちになり、大手を振って車を止めるのだった。

いつものように西日がまぶしく照り返す、ハイスクールの駐車場に車を止めると、訓練を終えた迷彩服どもが本を数冊小脇に抱えて同じように車を降りてくる。ハイスクールのフロントヤードでは、ビーチパラソル・カラーのミニスカートを穿いた高校生のチアガールズがキンキンした高い声を、太く、貫禄のある声に繕って、手足を動かしている。スタイルのいい子もいるが、太っちょで足も上がらず、チアガールに似合わない子もいる。しかし愛嬌たっぷりだ。その前を、彼女らを無視した、長髪で、だらけたTシャツにズボン姿の少年たちがスケートボードで走り抜ける。回りをインド人風な女の子や、黒人の男の子たちが、目をとろんとさせて、彼らを見ている。無気力が気力をじっと見ている。夏が過ぎた深く青い空は沖縄のまんまだ。ぼくはなぜか郷愁に駆られる。

ずいぶん昔の話になるが、高校時代につき合っていたクバサキ・ハイスクールの面々は、ぼくら、首里高校英語クラブを彼らの演劇に招待してくれたことがある。そして普段の自由闊達な雰囲気の反面、思いもかけない洗練された演技を見せてくれたものだ。

「あの子、プエルトリカンよ」と、日系の子たちが指差した、くしゃっとした顔の、フランク・シナトラの子分だったチビのサミー・デイビス・ジュニアを引き伸ばしたような、ミゲールという長身の少年の演技が光っていた。蝶ネクタイをきちっと締めた、ギルディド・エイジ（メッキのアメリカ＝アメリカの大正時代）の風采と、何をしゃべっているのか皆目見当もつかなかったが、歯切れの良い大声の英語が印象に残った。一人の役者がステージ脇へ出て行ったと思うと、別の役者が2階の寝室のドアをさっと開けて出てくる、その展開の手際よさに感心したものだ。

よく分からぬストーリーは展開し、舞台も大掛かりだった。それは本番前のリハーサルに過ぎなかったのだが、燕尾服やら蝶ネクタイやら、時代物の背広を着こなしたハイスクール生の演技に、ぼくらはブロードウェイのステージを見たように感激した。ああ、これがアメリカなんだと。普段見る自由きままな服装やら、ぼくらより少し子供っぽい彼らの奔放な行動からは及びもつかない、高度な文化を彼らのバックに感じていた。

　今でもぼくは普天間からコザへと抜けるヤシ並木の国道330号線に面する、クバサキ・ハイスクールの数棟の三角形の屋根と一棟頭の飛びぬけた四角いシアターを車窓から見るたびにそのことを思い出す。

　米軍軍属を受け入れるアメリカンスクールに入れなかった奴らもいた。当時、ハーフの子たちは基地周辺でうろついていた。あれは疎外された青春だった。どのようにアメリカグヮーシー（ごっこ）しても、彼らの親の多くは軍属ではなかったので、米国公立のハイスクールには入れなかったのだ。運よく、民間のキングスクールとか、クリスチャンスクールに入った連中も、荒れた校風の中で長続きせず、卒業できなかった。それは人ごとだったけれど、その世代のマージナルマン（境界人）としての挫折の烙印は、共に遊んでいたぼくにも押されている。

　それから何十年も立って、大人になったぼくは再び高校生をやり直す気分になって登校する。そこは国道330号沿いのクバサキ・ハイスクールならぬ嘉手納基地内にあるカデナ・ハイスクールだった。

折しもぼくらが入学した年、ベルリンの壁が崩壊した。マルタ会談で東西ドイツが統一され、次はソビエト連邦の解体を待つほどになった。長かった冷戦はもうじき終わるだろう。民主主義の圧倒的な勝利で。楽観的なニュースに嘉手納基地にも安堵した空気が流れ、兵士の警戒心は薄れ、ぼくらは遠慮なく、彼らと肩を並べる。ああ、新しい時代の到来だ。

2 行政の基礎講座

登校する迷彩服を来た兵士たちの数が増す。20代後半から30代で、身体能力はピークに達している。殆どが大柄だが、ぼくより小柄な奴もいる。彼らは、叶えられなかった学生生活を取り戻すかのように黙々と歩いてくる。日中の肉体訓練で筋肉中の乳酸が飽和点に達し、体が動かなくなって自室のソファで少し寝転んだ後、えいやと起きだして、足りない知的訓練を補うかのように、あるいは退役後の仕事の確保のために、各々の志を抱いて教室に向かう。朝早い彼らは午後には勤務を終えて、4時半には登校できる。まだ太陽は高い。

ぼくはと云えば、授業のある1週間（そう、講座は1週間だけの猛特訓で、土曜日の朝には試験が行われ、3単位授与されるのだ）は午後5時前に出てくるのに必死だ。他の職員にとがめられないように、そおっと事務所を抜け出し、南部の丘陵を上り下りし、信号に遮られながら、やっと高速道路に乗って一目散に嘉手納基地にたどり着く。これが一番辛い。どうしても終業15分前に職場を抜け出さないと5時半からの授業に間に合わないのだ。

少し緊張しながら、カデナ・ハイスクールの白い校舎の正面玄関の重たいドアを押し、広がる吹き抜けの大きなキャフテリアから中廊下を通って、別棟に赴く。階段を上り、200A教室を探す。ぼくが入っていくと、2、3人固まって雑談している連中はじろっと視線を向ける。見ろよ。オキナワンだ。俺たちと一緒に授業を受けようってのか。そのような目線だと、ネガティブに解釈しないようにぼくの理性は心がけ、中途半端な愛想笑いを浮かべて、だいたい前列から2、3番目の席につく。目立たず、教授にも近く、臆せずに質問ができる場所だ。我ながら殊勝な心がけだ。教壇から遠い、後方に座ると質問をするにも大声で訊かないといけないので、一つ一つの発言が重たくなる。西日がぎらぎらと窓に差す。しばらく入り日の光と熱を右頬に感じながら教科書を捲るのは、授業に慣れる意味もあるが、回りと視線を合わさない照れも含まれている。回りには、米国本土のアメリカ人と比べて、極めて保守的なアメリカ人たち。兵士としては中堅で、ぼくより十歳は若い。

彼らはなかなか外部の人間と友達をつくろうとはしない。まず相手を見定め、距離を探る。そんな彼らと友達になろうとするために、わざわざ短大に入学してきた沖縄の女の子たちをぼくは知っている。私たち、英語を勉強したいの。英会話教えて。そうやって彼らに近づいてくる女の子たちを、若い米兵たちは、たじろぎながらもまじまじと眺めて、口元が和らぐ。そんな話をちらほら聞いていた。だが大学院ともなると皆真剣で、勉強も大変だから、そんな子たちはこのクラスにはいない。

そのうちに中年、もしくは初老の紳士たちが教室に入ってきて、ぼくは学生の多様性にほっとする。老いも若きも皆、学生に戻る。

アメリカ人はよく勉強をする。これは大したものだ。さすが世界に君臨する国民だけのことはある。彼らはとりあえず何らかの知識技量で飯を食いながら、さらなる発展の機会を求めて、専門を深めたり、あるいはそれ以外の知識に手を伸ばすのだ。

西日の眩しさが激しく窓から差し入る頃、14、15人、生徒が集まるのを待って、手持ち無沙汰に座っていた小柄な白髪混じりの、口ひげを蓄えた教授がひょいと立ち上がり、自己紹介を始めた。

「アイアム・ドクター　リー。しかしリアルなドクターではない。ぼくのワイフは、あんたなんかドクターじゃないと言うんだよ。メディカルドクター（医者）だけがリアル・ドクターだとさ。さて、皆さん、自己紹介をしてもらいましょう。右端から行きましょうか」

皆がリラックスしてそれぞれの自己紹介を行う。ぼくの手前で、初老の紳士が「私の名前はベン。アイアム・ア・リアル・ドクター」と名乗ると、教授はたじろぎ、皆は爆笑した。ぼくはこのクラスで打ち解けてやっていけると感じた。

やがて西日の力が和らぎ、その半分ほどの明るさの蛍光灯に取って代わられる。それから長い夜が続くのだ。ぼくは教科書を置いて、ポットを取り出し、コーヒーを飲んで、長い夜に備える。ああ、あまり飲むと家に帰ってから眠れなくなる。ウーロン茶の方が良かったかな……。

「さて、皆さんは行政組織についてどういう印象をお持ちかな？　えっ、あっそう、ホント、退屈な組織だよね。実際、それを研究する行政学なんて学問ではないという学者もいるほどだ」と前置きして、教授は肥大した官僚組織のサービスが悪くていかに国民にとって不人気であるかについて語りだした。

「そうそう、不人気だったのは国民にだけじゃなかったのだよ。例えば、ジョン・F・ケネディ。ケネディ大統領は弟のロバート・ケネディを司法長官に任命したのだが、ロバートはバージニア州ラングリーにあるCIA本部へ毎日勤務する途中、CIAへの道筋をガイドしている標識が気になり始めた。ここにもあそこにもある。最高の機密保持をすべきCIAへ誰を導こうというのか。それで兄のジョンにお願いして標識を撤去してもらうことにした。大統領は、大統領補佐官を通じて内務省へ標識撤去命を出した。だが標識は撤去されなかった。ロバートからは苦情の電話が入ってくる。大統領は二度目の指令を出した。それでも標識は撤去されずじまいだった。業を煮やしたケネディ大統領は直接CIA広報課の担当者に電話を入れて怒鳴った。『ジョン・ケネディだ。今、朝の11時だが、今晩司法長官が家路につくまでに標識を撤去するように。これは大統領令だ』こうして標識はやっと撤去されたが、大統領は、『我が国の行政は、大統領が三度もお願いしないと動いてくれないのか』とうんざりして我が国の巨大官僚組織の非効率性を悟った」

ドクター・リーは我々への受けを確かめて微かに笑みを浮かべ、ちょび髭を撫でる。

「かと思うと官僚組織は極端にホワイトハウスに反応する場合もある。ジミー・カーターの娘のエイミーが産業革命に関するハイスクールの宿題に困って母親に助けを求めた。母親は補佐官に相談した。そのリクエストは労働省まで届いて、エキスパートが用意した山積みの資料がトラックに満載されてホワイトハウスに届いた。大統領が求めているとと思ったのである。結局エイミーはその巨大な資料を活用できず、学校の成績はCだったそうだ」

その後、教授の授業は官僚組織の定義と特徴に及んで、話が佳境を迎えた時、板書をしていた教授が、突然、アチャーヤーと叫んで空手のポーズを取り、振り返った。

「そうだ、彼の名前はヒガ。思い出した。さっきから考えていたんだ。ヒガさんて知ってるかい?」とぼくの方を向く。

「彼はこの島から来たんだ。背はこれっくらいしかないんだ。でも彼のジャンピングキックは凄かった。空中で回転し、大きな相手をぶっ倒すんだ。知ってるかい?」と真顔で

訊いて手刀を構えるので、

「オー、シット、やめてくれ」とぼくは苦言を呈する。

「分かったよ。分かったよ、もうやらない」と言って講義に戻るのだった。おかげで目が覚めてコーヒーは要らなかった。

基地内大学は1987(昭和62)年、西銘順治知事の時に沖縄県子弟の受け入れに関して米側と覚書が交わされ、その年に第1回就学式が行われた。事の成り行きは、その2年前に沖縄の過度の基地負担の縮小を訴えるべくワシントンを訪問した西銘知事が、教育畑出身の比嘉幹郎副知事の押しで、基地内に分校を持つメリーランド大学本校に立ち寄り、県子弟の受け入れを要請したことだった。基地負担縮小の願いは当然のごとくワシントンには聞き入れられず、基地の有効活用案が、せめてもの土産として沖縄に持参された。国際化時代に対応でき、かつ本県の振興を担う人材を育成するために、学生(大方は就労者)が選抜された。ぼくたちは第2期生だった。

年が明けると、長かった昭和の時代が突然終わって、平成という貫禄のない元号に変わった。激動の昭和が終わり(と言ってもぼくらの知っている昭和は経済成長著しい、良き昭和だった)、坂を上り終えた日本は、へーセーと言う何だか平べったく広がる高原に達したようだったが、経済はさらなる高みをめざして、日経平均がうなぎのぼりに上昇していた。10年前にエズラ・ヴォーゲルによって予期されたように、日本は名実ともにジャパン・アズ・ナンバーワンの経済大国になっていた。

後は社会の取り残された部分を持ち上げる作業に取り掛かれるはずで、この沖縄も変わるはずだった。まずは負の遺産である米軍基地に少しでも正の活用が図られなければならない。沖縄はもう日本の辺境にあるのではない。沖縄はアジアへのゲートウェイだ。国際化だ。かつての大航海時代に戻るのだ。琉球らしさを取り戻すのだ。

スローガンはこだましたが、県はわれわれ基地内大学の学生に、大学を卒業したら、どういった職種で学んだ学問を活かせるかを示さない。英語で行政や経済、ビジネスを学んだからといって、県内ですぐ引っ張りだこになるわけではない。大学院を出たからといって、大学の教員として採用されるわけではない。県内の企業に海外とのビジネスチャンスがそう頻繁にあるわけでもない。そんな県内事情は、長年の海外生活を送って帰沖したばかりのぼくにもすぐに察せた。転職を重ねるごとに条件や地位をステップアップさせるアメリカ方式は通用しないのだった。家庭の事情でアメリカから帰沖したぼくはとりあえず、ある政府系団体の非正規スタッフとして、口を糊していたが、それでも友人は「沖縄に戻ってすぐに働けるのはソフトランディングだね」と言うのだった。

いずれにせよ、自分の精神年齢の発達に合わせて、学習を続行することはある時期からぼくの信条となっていた。多感な高校時代における受験勉強も、一つの職場にじっとしがみつくための就職試験も、しょうがないからやる類の、偽りの、自然に反する極みだった。ぼくらの青春時代には、ただただ社会の都合に合わせて勉強していた。それでは嫌だ。ぼくは自分のために学問するのだ。大学で社会学を勉強した後、十分に社会経験を積んだ今、まとめの意味で、学校に戻ることは願ってもないことだった。ぼくはもう三十代後半になっていたのだけれど。

ところが、大学で取った社会学はこの基地内大学院にはなかった。ぼくはしょうがないから軍と契約を結んでいるオクラホマ大学院で、行政学を専攻した。行政を専攻したからといって、今さら公務員になれるわけではなかったが、とりあえず沖縄に帰って携わっていたことは日本のＯＤＡ政策の実施現場だったし、これが行政にまつわらぬ筈はなかった。背に腹は替えられない。何かお役に立てるかもしれない。

「そ、卒業して何ができるかって……そ、それは、そこから後は自分で。南城さん、いつか一緒に仕事ができますよ」

担当の県人材育成財団の職員に進路を相談すると、どもりながら、そう言うのだった。同じことを同期で基地内のメリーランド大学に入学した新里に訊いてみたら、そっけない返事が戻って来た。

「君は入学したばっかりにそんなことを考えるのか。卒業できるかどうかも分からないのに。卒業できれば万々歳さ。ずいぶん本を読ませるんだって。ドキドキだな」

アメリカにおける公務員の採用はどうなんだろう。クラスで隣に座った、少し落ち着いた雰囲気のＧＩカットに訊いてみることにした。

「君たちは、どうしてこんなに勉強するんだ？　昇進とか再就職に有利なのか」

彼は少し唇をゆがめた微笑を作って答えた。

「そりゃそうさ。箔がつくだろ。皆が尊敬のまなざしで見る。大学院卒だと昇進にも有利さ。もちろん今している仕事がしっかりこなせての話だがね。学歴は再就職となるとダントツにいい」

なるほど、アメリカは日本より学歴社会かもしれない。ぼくだって、学歴もキャリアもあったので、沖縄に戻って来た時、仕事のオファーは山のように来るはずだと高を括っていた。ところが実際、あらゆる職場は早く入った者の勝ちで、あとから来た者には非正規の仕事しかなかった。全く武者修行を許さない社会のシステムが始まっていた。

「ずっと軍隊にいるつもりはないのか?」

「は、誰が一生軍隊にいたがるんだ。そうだな。ぼくの希望は、故郷に帰ってオレゴン州の公務員になることだ」

「だって、公務員は年齢制限があるんだろう」少し皺の寄った彼の額を見ながら訊いた。

「年齢制限なんて考えたこともない。もっとも老人は取らないだろうがね」

ぼくはアメリカの公務員制度が気になってそんなことを訊きまわった。

休み時間に壁を背に突っ立っている中年の男は、「デムッ、教授が何言ってるんだかさっぱりだ。俺はよっぽど頭が悪いんだろうよ」と呟きながらも、ぼくの方をギロギロとした目つきで見ているので、

「ちょっと、訊いていいかい? アメリカで公務員になるには年齢制限なんてないんか?」と話しかけると、男は目をぱちくりさせた。

「俺はエンジニアだ。契約でここへ来ている。二年後にはまたニューメキシコに戻る。公務員なんかじゃない」

この中年のエンジニア、60年代のロカビリー歌手風にポマードで髪をテカテカに固め

て気色悪い。無遠慮に人を見るだけむしろ、とっつきやすいタイプだとぼくは判断していたが、彼は悪い冗談を回りに言い始めた。

「ヘイ、このオキナワンはスパイだ。われわれがどういう考えをしているか訊きに来ているんだ。こいつはきっと日本政府の回し者に違いない」と言いつつも、彼の目は皺を寄せて笑っている。これもフレンドリーな現れか。まわりも笑うか、取り合わないかだ。自分でも頭が悪いことを自認して、吹聴する奴だから、まわりもそれなりに捉えているはずだが、ぼくは自分がアメリカ通であることを弁明し始めていた。

「ぼくらは皆、オクラホマ大学の学生だ。君らはオクラホマに行ったことあるかい？ぼくはニューヨークの大学に行ったけど。あ、そ、ニューヨークも行ったことがないのか」

ぼくの言葉はスノビッシュに聞こえたはずで、ますます座が白けたので、座の緊張を緩和するために歌を歌った。ぼくもかなり迎合している。

「たら、らんらん、ららら、らんらんらん。そうだ。バンジョーの渇いた音だ。えーと、あれはオクラホマ・ミキサーとかいう歌じゃなかったかな。ほら、フォークダンスの定番だ。え、フォークダンスもしたことがないのか。君たちはゴーゴーやディスコだけか」

突然、歌いだしたぼくに、皆は苦笑いしただけだった。帰り道、第5ゲートを滑り出しながら、憂鬱になっている自分を見いだした。ぼくは意図的に皆の注目を集めようとした自らの大人げない行動をひどく後悔していたのだ。

行政の基礎講座は1週間で終わった。月曜日から金曜日の午後5時半から9時半まで講義が続いた後、土曜日の朝9時から12時までが試験だった。エンジニアは髪をむしり、唸り、手についたポマードをしきりに気にしていた。試験が終わると、「お前、本当に5問とも、全部解答したのか。うそだろう」を連発したので、まわりにも彼の軽さが浮いて見え、そんな彼を気にするには当たらないと、ほっとした。

試験には税金の問題も出ていたのだが、その年（平成元年）には消費税が導入され、アメリカ並みに支払いがややこしくなっていた。アメリカにいる時は、小銭の支払いがない、すっきりした日本の支払いシステムが先進的だと思っていたのに、ポケットの中の小銭が、コブのように膨らみ、重たくなったズボンを引きずって歩くようになった。やれやれ、ステイツと同じだ。小銭を数えきれないよ、と級友たちも文句を言っていた。

3 ある海軍大尉

「ヘロウ。マイネーム・イズ・ロバート」と握手を求められた。1970年代のアクションスターだったバーナード・レイモンズによく似た奴だった。カールした黒い短髪に黒い口ひげ、皺を寄せてこちらを見る眼光の鋭さ、その精悍な顔立ちと引き締まった体躯に思わず緊張した。ハリウッドスターのバーナード・レイモンズは女性が投票するセクシーイスト・マン・オブ・ザ・イヤーに選ばれたことがある。

「議会」のクラスだ。いつものように前から3番目の席に座り、おとなしく授業を受けていて、目立たないはずだったぼくに、「どういう事情で、われわれの授業を受けているのかお聞きしたい」とまっすぐにきた。

ひどく丁寧で紳士的だったので、ぼくは沖縄県と米軍との協定により、基地の有効活用の一環として、選抜試験を受け、他のオフィサーたちと同じように講義を受けさせてもらっていることを説明した。

「なるほど、そういうことですか。仕事は?」

「日本政府関連の仕事を請け負っているが、取るに足らないペティオフィサーだ」

「いやいやそうではないだろう。見ればわかる」

彼は沖縄代表のぼくにひとまず敬意を表したが、その後は、彼は休み時間にもディナーブレイク中にもこちらを振り返ることなく、調べものに没頭していた。それから金曜日まで、あっという間に時間が過ぎた。

アメリカ合衆国憲法の第一章第一条以下に記される米国議会は米国政治のかなめというべきで、第二章に記される執行部である大統領の権力を国がいかに警戒しているかが見て取れる。各州2名代表の上院に対し、下院は人口比例代表制で、地域別選挙区に密着している。上院は軍事外交に、下院は福祉、税制に重きを置くが、近年では atomized congress と呼ばれるようになった。もともと行政マンのような組織人ではなく、強烈な個性の持ち主の集まりで、決して統制のとれた集合体ではないという意味である。その動きは予想しがたく、一つ言えることは、大きなアメリカの歴史のうねりの中で、著しく変遷してきた社会文化を忠実に反映していることだ。

民主党も共和党も議員の見解や投票を抑制できるわけではない。ある一定の共通性を持って、党の推薦を受けて出てきてはいるのだけれど、地元の利益を優先するわけで、与党所属といえども国の政策に関して大統領や党の意向を重視するわけではない。そもそも大統領は議会から出てきたわけではないので、はなから互いに対立するように仕組まれている。

地域偏重の下院議員は500人近くいて、党内で重要委員会のポストを与えたり、与えなかったりするシニア幹部による抑制の努力（ウイップシステム）がなされているが、議員が100人しかいなくて、より誇り高い上院では個人主義的な傾向が顕著にみられる。

米議会の試験が終わった。講義内容の要約を1ページの紙に、自分で準備することが許可されて、ぼくは小さい文字で埋め尽くした、きちんとした要約を準備したのに、いざ始まると、それをほとんど見ないで書き進めるほど頭が動いてくれた。12の小定義問題が終わる頃には頭がボーッとなって、その次のエッセイテストを書き始めるのが停滞気味だったが、何とか常識的なことからぼちぼち始めて、クラスで導かれた結論に至った。単に習った知識が浮かばないときは常識をフルに活かすことが大切だ。

試験をほとんど同時に終えて、教室を出たロバートにぼくは声をかけられた。

「大したもんだ。時間内に解答できたのか」

珍しく思ったようで、気分転換に外で会わないかと誘われた。

翌日は日曜日で、その午後、約束した砂辺に向かった。海に面した浄水場近くの住宅街の一角に、しゃれたお店が並んでいる。とは言っても、閉まった店が多く、ほとんど廃れていると言ってもよい。ダイビングスポットでもあり、一時期、一般の若者のみならず、観光客や外人が多くたむろしたことから住民からの苦情が絶え間なかったが、近くに華々しくオープンした美浜アメリカン・ビレッジに一般客を奪われた後は、ダイビングを楽しむ外人だけが来る。

先に来ていたロバートは、カフェのテラスでコーヒーを楽しんでいた。長い脚を放り投げるように組んで、改めて見ても、ハリウッドスターのようだった。名刺を渡された。広報部ではなかったが、日本語で併記されているところを見ると、かなり外向きだと思った。ロバート・F・ブレア。海軍大尉だ。嘉手納基地航空機維持管理課副管理官。嘉手納基地は空軍だけかと思ったが、海軍もいるんだ。

「いやあ大統領の権限は絶大だ。議会なんて、大統領令の拒否権があると言ったって、3分の2の上下院議員の賛成が必要なんだよ。こんなまとまりのない議会で3分の2なんてありっこない」とまず、ロバートは無難に授業の復習から入った。

「そうだね。例外の代表例が、あのニクソン大統領が拡大したベトナム戦争を議会の力で終結させたことだ」

「世間の後押しでね。あれはひどい戦争で、ぼくはあの時代に入隊しなくてよかったよ。その後のウオーターゲート事件で、ニクソンを追い込んだ議会は復権したんだ」ロバートは笑ったが、すぐ真顔に戻って、前かがみになった。若いのに額の皺が、彼をインテリに見せている。

「訊いていいかなあ。俺たちのことをどう思っている？」

「俺たちって、基地のことか」

「そうだ。人々は基地を悪者扱いしているだろう。日本全国の70パーセントの基地をこの沖縄に集め、その17パーセントの土地を占有していると」

それは大田知事が良く口にする言葉であり、沖縄の新聞の論調でもあった。ロバートは新聞もよく読んでいる。たとえ翻訳であろうと、沖縄の新聞の翻訳版を手に入れることのできる彼にぼくは慎重になった。

「よく知ってるな。居座ったんだね、米軍は。戦後、引き上げる話もあったようだが、朝鮮戦争の後、冷戦が始まり、そしてベトナム戦争へと続き、沖縄を手放せなかった。世界の状況が許さなかったんだね」

ロバートは頷いたので、ぼくはちょっと挑発した。

「おい、俺たちの土地だよ。俺たちが受け入れたわけじゃない。主権なんてないじゃないか」

ロバートはコーヒーカップを置き、足を組み替えた。

「君の言う通りだ。世界の状況の前には、残念ながら、一地方の主権は優先されないだろう」

こいつ、さらっと言ってのける。ならば、とぼくも彼らが避けたがる話題を持ち出す。

「その上、沖縄では兵士によるレイプ事件が多発している。基地に対して好感を持てるはずがないだろう」

「レイプはどこでもありうるが、この連中ときたら、正直、社会の喰いっぱぐれだからね。俺たちが取り締まっても、事件の起きる確率が高いのは否めない。レイプを誘発する環境もあるし、それを許容するシステムがいけない。復帰前はひどかったようだ。今では、起訴されれば、日本の警察に引き渡せる」

俺たちが取り締まるって？　なんだ、こいつMPか。

「騒音も凄い。この嘉手納から飛び立つ戦闘機の爆音はどうだい。これがひっきりなしにある日は、たまったものじゃない。ヘリコプターもひどい。普天間など、言うに及ばない。毎日のように新聞を賑わせているからね」とぼくはさらに押した。

こんな話、今さらしても、しょうがないとは思った。しかし、彼の軍人のメンタリティーがぼくの興味を惹いた。ロバートは大方の、食うに困って流れてきた兵隊ではなかった。見るからに職業軍人だった。強さとはどういうことか。闘うとはどういうことか。そして大義のために死ぬとは。かつて大多数の日本人が信奉し、今は一部を除いて死語になっている大義を掲げる軍人。

「しかし、ヒデオはアメリカが好きだから、留学したんだろう」

「大した理由はなかったんだ。ぼくらの子供時代は、アメリカの華やかなカルチャーがうらやましくって。ロックが好きだったってのもあったけど」

ぼくをアメリカにいざなったエルビスやら、ビーチボーイズやら、好きだったクバサキ・ハイスクールにいた日系のフランシスやら、ハーフのジョニーなど、ぼくの青春を彩るキャラクターが一挙に瞼に浮かんだ。と同時にアメリカの存在意義の矛盾が浮かび上がった。

「あのさ、ぼくたち自由の国アメリカに憧れたんだけど、君たち、ちょっと違うんだよね」

「どういう意味だ」

眉をひそめたロバートにぼくは正面きって言った。

「なぜアメリカは帝国化したんだ。ぼくが好きなアメリカはあのピューリタン精神のアメリカなんだ。米軍の基地がどのように見えるかって？　そうだな、オキナワンにとってアメリカは巨大な帝国なんだ。自由主義だの、民主主義だのと言ってもさ。矛盾なんだよ。やってることが。オキナワンがどんなに叫んでも、聞きもしない。尊大で傲慢なローマ帝国だ」語気を強めながら、相手の出方を窺った。

ロバートは冷静に受け止めた。

「そうだ。俺たちの存在意義は自由と平等とヒューマニティーの社会を守ることだと教えられたが、現実にはそれ以上の既成利益を守っているのだろうね。世界の秩序がアメリカの力を必要としたのだ。そしてそれは日本政府が是認していることだ。アメリカと日本は共通の利益で結ばれている。沖縄は、そうだね。その犠牲になっているのかも。小国が大国の犠牲になるのは世の常」

彼はゆっくりと、そう言った。ぼくは彼の言質を得て、もう一押しした。

「そうさ、沖縄人は犠牲になっている。なり続けている。沖縄戦で、多くの命を失ったからこそ、戦さをするすべてのシステムが嫌なんだ」

「戦争を忌み嫌うのは沖縄人だけではない。戦争反対だけでは戦争を回避できない。戦争は力のバランスが崩れた時に起こるものなんだ。物理的なものだ。戦争は物理だ。国際社会は物理だ。より良いバランスを保つ努力が戦争を回避するんだ」

ロバートは第三者的な科学者のように落ち着き払ってそう言った。戦争は反対運動では回避できない……か。

ひときわはしゃいだ喉太の英語が聞こえたので、振り返るとウエットスーツに身を包んだ白人のダイバーたちが、潜水具を持って、防波堤から降りて行った。盛り上がった堤と半ばバサバサに枯れたアダンの茂みに隠されて海は見えなかったが、時折の潮のざわめきが、大海がすぐそこにある臨場感を漂わせていた。海の向こうの大陸から来た彼らからすると、この島はどう見えているのだろう。彼らにとっての島と言えば、ハワイもあるし、サモアもあるし、グアムもあるが、オキナワは湿気の高い、蚊の多いリゾートに過ぎないのだろうか。基地の中は大陸であり、基地から一歩出ると、そこはちっぽけな島。

カフェのスピーカーからザ・プラターズの「オンリーユー」が流れ始めた。その前から音楽は流れていたと思うが、さして気に留めていなかった。ぼくらは黒人5人組による、良き時代のアメリカの曲に、しばし聞き入った。というより議論の出口を求めていたぼくらは、曲に逃げ込んだようだった。

曲が終わると、われわれはほとんど同時に時計を見た。立ち上がり、ナイス・トーキング・ウイズ・ユーと挨拶を交わした後、ロバートが「ところで」と訊いてきた。

「君はどうしてアメリカの行政を勉強してるんだ?」

「どうしてだろう。ぼくの知識の中で欠けてる部分だからじゃないかな。君はどうなんだ」とぼくが訊き返すと、「正しい知識を増やして、より良く国に奉仕するためだ」と、当然だと言わんばかりに答えた。

ロバートは、黒いムスタングに乗り込み、ブロロと高らかなエンジンを吹かして、去って行った。ぼくはムスタングの爆音に気後れして、中古のダイハツ・シャレードの中で、じっとしていた。

正直、外人、特に軍人との会話はしんどい。例え彼が思想調査をしていたとしても、無難に渡り合えた満足感はある。学問だって負けてはいられない。そうだ、米議会のクラスはまだ完全に終わっておらず気を抜けない。次の一週間でブックレビューを書かねばならないのだ。ぼくはすぐさま学習モードに戻って、車のエンジンのスイッチをひねると、ザアーッと浅瀬の波のように、それなりに無駄なく堅実に作動した。

4 軍隊と社会

4月下旬から数週間、「軍隊と社会」の講座で使う、ハンティントンの古典的名著「兵士と国家」以下、いくつかの論文を読んでいる。特に今まで読んだことのない法廷議事録の読み取りで四苦八苦している。キッパ（ユダヤ教のお椀のような帽子）を脱ぐように言われ、軍組織と争う一個人の話だ。そのように準備して講座に出た。

「ベイスに来ると、時間が止まっているようで、若返るよ」長身の老教授が緩やかに言った。その威厳ある風貌から教科書「兵士と国家」の執筆者であるハーバード大学のハンティントン教授その人かと思えた。教授は窓から外をしばらく覗いて、

「ベイスもずいぶん古くなったもんだ。50年代と同じ情景だ」と呟いた。

教授は古いという表現をantiquatedという単語を使った。使い古された、とか、時代に合わないオールドファッション的なという意味合いである。そういう言い方から、このクラスは軍隊側とは無関係なアカデミックさをぼくに感じさせ、安心させた。

それにしてもこのクラス、基地の中で軍隊の話を民間の大学の立場から客観的に語るなんて、え、いいの、許されるの、このベースの中で？　と、引っかかったが、これは儲けものである。彼ら、軍人たちはどのように自分たちの立場を受け止めるのだろう。学生たちは当事者であるにも関わらず、思ったより皆、慎重でおとなしい。

アテネの中のスパルタ。ハンティントンのテーマはこれだった。

軍人になる人たちはどういう人物（social type）なのだろうか？　将校団は暴力（violence）（ハンティントンはあえて暴力と定義する）の独占管理という技術を扱っている人々に他ならない。彼らの顧客は社会（君主）で、彼らは顧客のために技術を駆使し、その結果にのみ責任を持つ。

真の軍人になる動機は経済的なインセンティブではない。彼らの動機は彼らの持つ暴力管理技術に対する愛で、その技術が彼らの社会に貢献するという満足感である。同時に自分が他のために犠牲になることを厭わない究極の利他主義の体現者である。生死にかかわる仕事であり、武器を所有するので、その集団には厳格な官僚組織が敷かれる。厳格な階級制度は視覚的に確認される。つまり、制服に現れる。

一般兵（the career enlisted man）は専門軍人（the career officer）ではない。彼らは将校の持つ専門的技術や社会への責任感を共有しない。一般兵の職業（occupation）は商い（trade）で、プロ（profession）ではない。彼らの商いは暴力の応用であって暴力の管理ではない。

現代のような専門軍人制（軍団）が組織され始めたのは18世紀のことで、完成したのはナポレオン戦争のあった19世紀のことだった。17世紀までの戦闘は傭兵と貴族（騎士）によって行われた。傭兵は利益を求め、貴族は名誉と活躍の場を求めた。

自由と平等の国アメリカにおいては、将校団はしばらく社会の敬意や支援を受けずに孤立していた時代がある。奇妙なことだが、民主主義の世俗社会において孤高の貴族と見なされていたこともある。必要とされる時に引っ張り出されるが、普段は持て余される存在だ。南北戦争が終わって、比較的に平和な時代が続き、外国からの脅威もなくなると、社会は軍隊の存在に無関心となった。その無関心さの中で、片田舎の隠れ砦であるウエストポイントやアナポリスに閉じ込められた少数の軍人は専門的に特化していった。

第一次世界大戦で、社会に呼び戻された軍人は、個人主義、商業主義、そして世俗的な愛国主義に影響されない、もしくはそれらを蔑む、技術的な専門集団となっていて、少数で200万人を超す徴兵を指揮した。しかし戦争が済むと、また古巣に戻って行った。俗に思われているような、熱狂的な愛国者などではない。感情は判断を鈍らせる。むしろ冷徹な勝利への計算を行う、いわばニヒルな集団なのだ。

社会に認められ、尊敬されるようになったのは徴兵制が徹底し、軍隊と社会が行き来した第二次世界大戦以降である。政治に関わることを長くよしとしなかった軍の中枢からは、戦後、大統領も出てきた。そうして出てきたアイゼンハワー大統領はしかし、戦時中のトルーマン大統領と違い、軍人を側近や長官として重用しなかった。むしろ肥大した軍と産業の結びつきが一大軍政国家になることを懸念していた。これがマッカーサー元帥だったのなら、軍事政権になっただろう。太平洋戦争において勝利したマッカーサーは貴族的で、自由主義を謳歌するアメリカ社会と相いれなかった。ヨーロッパを制したアイゼンハワーは社会全体との協調路線を取った。冷戦時代がその後、長く続き、アメリカ外交の中枢に据えられた軍人はもはや田舎に引っ込むことは許されなかったのだ。

しかし依然として軍隊は、自由、平等、個人主義の社会において、孤高を保つ将校団を核としている組織だ。この大きな価値観のジレンマをアメリカは今日まで抱えている。

「要するに、アテネ人の中のスパルタ人だ」教授は威厳を持ってそういった。このクラスでは、テーマが彼ら自身の職業に関わることだから、議論白熱となるかと思ったが、皆、意外とおとなしくて、教授の権威に押されていた。ひょっとして、彼らはプロ将校団の自覚に及ばない一兵卒なのか。高度な自制心を持ったスパルタ人どころか、教養のあるアテネ人でもない、傭兵に過ぎないのか。しかし上官の命令を受けて、引き金を引くのは彼らだ。


授業が終わり、皆は足早に教室を去った。あたかも議論を避けるかのように。ぼくは長い間座っていた後なので、用を足したかったが、なぜか近くのトイレを通り過ぎて、長い渡り廊下を歩き、食堂のあるホールを抜けて、校舎出口近くのトイレに入った。手洗いで級友がじゃぶじゃぶ顔を洗っていた。まだ20代の金髪だ。細面の輪郭が優男に見せる。迷彩服を着たままで、長い一日の汚れを拭い払っているという洗い方だった。

「オー、ハイ。クラスはどうだい」ハンカチで顔を拭きながら、あちらから話しかけてきた。アメリカ人でハンカチを持っている奴は少ない。

「まあね。面白いよ。軍隊はぼくらの生活からは程遠いけどね」

　ぼくはそう答えて、軍隊は君らの生活そのものじゃないか、どうなんだい、と聞き返したかったけど、こんな一兵卒の若者には上層部のことなぞわからないだろう。どんな軍事の視野が開けているというのか。そう思って、ぼくは差し障りがないように訊いた。

「皆、授業が終わるとさっさと帰っちゃうね。なかなか話も出来ない。アメリカの大学ではけっこう駄弁ったものだけど」

「ぼくらは夜遅いし、朝早いし、このように学校がある時は、読む本も多いし、とにかく時間がないんだ」埃が入ったのか、彼は青い瞳のまわりをしきりにハンカチで撫でていた。

「それに兵士になろうとする者はあまり友達の輪を広げようとしないんだよ。皆、独りぼっちなんだ」

「独りぼっちだって？　兵士の仕事は協力して成し遂げられるものじゃないのか。ほら、同じ釜の飯を食ってと言うだろう？」

「戦場ではそうかもしれない」彼は笑った。

「日ごろは義務的なお付き合いだけさ。社交性は軍隊では本質的に求められないし、もともと社交性なんてない者が入隊するんだ。社会が煩わしい連中がさ」

果たして彼らを煩わしく思わせる、おせっかいな社会やコミュニティーがアメリカにあっただろうかと、ぼくの乏しいアメリカ滞在経験が彼の言うことにぼくの首を傾げさせた。

同じ釜といえば、巷に繰り出すGIカットはたいてい数人肩を並べて虚勢を張って歩いている。まさに共同体だが、それもひょっとしたら外部の社会は彼らにとって敵地で、適当に緊張しているのかもしれない。

ちょっと間が空いて、何かぼくのことを話さないといけないようだった。

「あのね。ぼくはちょっと悩んでいて、君の意見を聞きたいんだけど」彼を安心させるために、ぼくは自分の状況を説明した。昨夜、ぼくは宿題をしなかった甥をはたいてしまって、その後悔の念をだれかに話したかったのだ。

「亡くなった兄の息子が中学生で、ぼくが勉強を見ているんだけど、昨日、言いつけた宿題をしなかったんで、はたいてしまったんだよ。見る見るうちに頬がぷわーっと膨らんでさ。可哀そうだった。あいつ、恨むだろうな」

「そりゃひどい。ま、状況はよくわからないが、ぼくらの文化では子供を殴らないいんだよ。決して良いことはない。殴られてこの子が勉強に専念すると思うか?」

「そうだね。確かに良いことではない。失敗してしまった」

「子供でも、人格を尊重してあげるべきだよ」

この若い金髪で細面の男に何も期待していなかったのだが、その大人の答弁に苦笑いしてしまった。ぼくが語ったことは暴力の行使で、兵士の彼から学んだことは、その逆のヒューマニティーで、これは愉快な意外性だった。

5 滑走路と外の町

7月の暑さはハンパじゃない。湿気がひどくて、外にいると呼吸するだけで疲れるので、ひたすら屋内にいる。朝から昼にかけては職場、夜は自宅。途中は冷房車の中。うちなーんちゅのよーんなー、よーんなー（ゆっくり主義）はそこから生まれるのだろうか。

来週から「発展途上国の経済」が始まる。どのような授業の構成になるかわからないが、教科書を読む限りにおいて内容がすてきだ。ロストウの経済発展段階説（第1段階は農産業中心の伝統社会、第2段階は循環経済の離陸先行期、第3段階は貯蓄率と投資率が急増したテイクオフ期、そして工業が主体となる第4段階の成熟期）は、経済を超えて、人々の営みを扱う社会学としても読める。面白いが、いつも精読するスタートが遅れる。ぎりぎりにならないと、読書に集中することができないのは、普段、結婚相手を探すことに気が取られるからだろう。

別棟には母がいる。庭を横切る時に、窓際の安楽椅子に座る母の姿が見える。言葉を交わさなくても心境がわかる。いつまでも結婚しないで、この子は何を考えているのだろう、と。

気合を入れて臨んだ1週目の「発展途上国の経済」も、その翌週に続いた行政過程「データ分析」の講座も一応無難に終えた。データと云えば、数字に弱いぼくは今でも高校時代に「不可」を貰ったことが心に刻まれていて、悪夢に悩まされることがある。しかし試験日の朝の夢は、なにやらのんびりした南国の話で幸せいっぱいだった。それを、けたたましい目覚まし時計に掻き破られて、しばらくぼーっとしていたが、瞼に残るイメージは椰子の木が繁り、太っちょの褐色美人に癒されていた南国だけではない。その前にニューヨークのキャンパスに戻っていたのだ。見覚えのあるゴシック様式のビッグベンのような時計台が幻のように屹立して、その角を曲がって階段を下りるとキャンパスが広がる。そこをずんずん進んでいくと敷地が次第に海に没していく。あたりはベネチアのように中世の建物が半分水に浸かり、幾つも石橋が架かっていた。ああ、これはやっぱり学問に対する憧憬の念があるんだな。真実へ誘う波止場として。コンプレックスだけでないんだ。そして南国は沖縄に違いなく、ぼくの心はこの二つを往き来している。と、夢分析をしかけたが、もう床にいる時間はなかった。

目を覚ますべく熱いシャワーに入ると、却ってのぼせてしまい、首里から高速道路に乗っても頭は朦朧としていた。何とか9時の試験開始に間に合ったものの、計算機を忘れているという始末。この最悪の状況に、まさかこの試験のベテランがろくに解答も書けずに終わるのかと不安に思ったが、よほど悪運が強いのか、懸念された計算問題は出ず、エッセイが主で、試験を書き終わって真っ先に出てきたのはぼくだった。数学に関してはアホだから別にAを取る必要はないので気が楽だ。

さあ、今日は土曜日だ。気分が良かったので嘉手納基地内と滑走路の周囲をずっとドライブすることにした。後にする嘉手納ハイスクールはハリウッドの青春映画の舞台には見えても、夢に見たような学問の殿堂からは程遠い。

道路をまっすぐ行き、右手に並木を見ながら自然に左にカーブを切ると、坂下から広大な飛行場が姿を現す。その広大な人工空間を見渡すと、うわ、すごいなと思う。その解放感は格別だ。西へ向かうと海だ。窓を閉めているので感じるのは風圧だけだが、びゅうびゅうぶつかってくるこの強い風は潮風だ。

その強風に逆らって、今にもF15が飛び立つのではないか。地響きと轟音とはどっちが先だろう。すぐに鋭角な機体が目の前を擦過し、一瞬空に大きな刻みを入れて忽ち小さくなるのだ。そうか、その後に爆音が続くのだ。あるいは、あの海の彼方から一点の機体がみるみるうちに容積を増し、ぶつかりそうに視界を覆うのだろう。その時も爆音はやはり後から来るのだろう。

やがてスダジイやモクマオウの防風林が切れて、国道58号線が迫ると海沿いに北へ曲がり、金網の外の民間車と国境を隔てて並行に走る。貯油施設を経て東へ向かうと、そこはもう嘉手納町だ。壁がベルリンの壁のように高くなる。ああ確か、この壁の向こう側には日米両政府の圧力に負けずに自分の農地を手放さない老農夫の一握りの畑があったっけ。対向車もほとんどなかったが、さすがに戦闘機を仕舞う格納庫の近くに来ると、YナンバーではないぼくのMPに呼び止められるのではないかと身構えてしまう。

しかし直進するしかない。

遠くに丘が見えてくる。それも取り残されたようにこんもりと茂ったグスクのよう。ここは紛れもなく沖縄だ。ひょっとしたら御嶽もあるかもしれない。地の亀裂に生じた磁場は封印されて、わだかまっているだけなのだろうか。それとも地下に温存されたその神秘的な力は管制塔とF15間の電波を乱しているのだろうか。

隠れようのない平坦地を走っていると、緊張して知らず知らずの内にスピードが出てしまう。MPに出くわす前にあそこまで。あそこまで。あの木々の合間まで。

このスリルはこの前見た、夢の中のハーレムと一緒だ。夜、キャンパス内の寄宿舎に帰るつもりが、地下鉄駅を間違えて降りた。するとそこはハーレムのど真ん中。ええい、面倒くさい、走っちゃえ、と二駅ほどの距離を走る。路地裏に潜む人影がヤバかった。

やがて建物が増えてきて、バーガーキングの先はレジデンスエリアになってホッとする。機能だらけの基地内にあって、家族がくつろぎ、生活が営まれる場所だ。沖縄の就労者がぽちぽちと第3ゲートから比謝川が先細る外に出ていく。ぼくは第3ゲート付近から第2ゲートまでの人気のない、いかにもアメリカの郊外らしい住宅地を我が家に帰るように、ゆったりと車を進める。平屋のクリーム色と芝生のグリーンの単調な、しかし整然とした世界だ。そしてそのまま町に出て行く。

地元との友好を象徴する赤瓦屋根の第2ゲートを抜けると、一気にカラフルで、生活臭が濃厚な外国に出た。そこはたしかに今朝ベースに入って来たのと同じオキナワの市街ではあるが、朝は高速道路から降りてすぐの、周りが芝でわりと見通しが開けた第5ゲートからベースへ入ったので、ここ第2ゲートの外は全く異なる風景である。出口が違うとこうも外部の印象が違うものか。

ベースから抜け出た町は昔にタイムスリップしたようでもあるし、遠い異国のようでもある。チャイナビート、インデアン・テーラー、タッツー他、横文字が赤や黒の原色の看板と共に目に飛び込む。そして、武道の一本堂、フジヤマとあるから、これはチャイナタウンでもなくアジアン・タウンでもないのだなと分かる。鳳凰木の繊細な葉は日本の柳のようでもあり、トックリキワタの呑気な胴体はどこかの南国のようでもある。

このようにゲートから繰り出す新参兵たちは、はて、オキナワとはどのような国なのだろうかといぶかる。級友がディス・イズ・ナット・ジャパンと言っているのを思い出した。でもそれは数ブロック間のことで、すぐに異国の感覚は過ぎ去る。

真昼のゲート通りは閑散としている。天ぷら屋を過ぎると腹が鳴り、近くに駐車して天ぷらを食って落ち着いた。中央通りアーケードで本屋に入る。ああ、日本語が並んでいる。なぜか感動を覚える。ぼくの日本語は大丈夫か。衰えてはいないか。まだ書けるのか。食傷したほど英語通になったわけではないが、要領中心の英語ばかりやっていると、日本語までパサパサした情緒のない書き方になってしまうのだ。

店先のテレビでは沖縄水産が甲子園で八幡商業に第三試合で勝ったことを報じて、おばちゃんたちが万歳している。この喜びは基地内では分かち合えない。

オープンカフェに入り、エスプレッソを啜りながら、通りを見る。見知った顔が横切る。

「よっ久しぶり。全然遊びに来ないじゃないか」

「ああ、エッツー、こんちは。どうですか。相変わらず頑張ってる?」

「もお、ロックも飽きたけどなあ。取柄はドラムしかないしな。でもこれから仕事なんだ」

「え、これからバンドですか」

「あらんさ。こんな日中。大工の仕事さー。ロックだけでは食えないからね。今では週末しかやってない。今夜あるよ。今日は忙しい。大工仕事終わち、うりからまた夜の出勤さ。何、オマエも仕事忙しいんか。もうコザでは遊ばないんか」

「まあ、忙しくて。今日はたまたま来たんですよ。ふーん、エッツーは大工もできるんだ」

「屋根んかい登《ぬぶ》いねー・うかーさんどー。じゃあまたやー。今夜来て」

「気をつけて」

懸命に労働をして生きるドラマーのエツーに、ぼくはインテリぶって学校に通っているとは言えなかった。

こんな年になって学校に通う価値はあるのだろうか、とエスプレッソを啜りながら思った。今どき学校に通うのは、やっぱりロックに夢中で勉強せず、高校をやっとこさ卒業したコンプレックスだったのではあるまいか。高校時代はしんどかった。授業について行けず、ほとんど5段階の2の成績だった。思春期のコンプレックスはずいぶん高くついてしまった。

6 元宣教師

沖縄の8月はうだるような暑さの中、やたらちまたが活気づく。世間では盆のウンケー

（お迎え）に入っていた。道はムートゥヤーを訪れる人たちの車で混み合っていた。何か、通常の渋滞以上に気持ちがワサワサするのも、生きている人たちに加えて先祖が大挙して、この島に戻って来たからではあるまいか。ぼくは先祖の霊をかき分けるように、遅れて教室に入って行った。一番前の席しか空いてなく、否が応でも、教授にも生徒にも目立つ場所だった。行政と官僚組織について講義が始まる。

「ウンジョー（貴方は）ウチナーンチュルヤミ（沖縄人ですか）？」休み時間に、突然後ろから聞かれた。

アレ、と思って振り返ったら、チリチリにカールしたダークヘアに太い眉の男がにこにこしていた。

「ヤイビーンドー。ウチナーグチ・ジョージヤッサー」と返したら、方言はそれまでだったのか英語で聞いてきた。

「オボン休みはないのかい？　ご先祖様が戻ってくるんだろ」

「職場が沖縄の企業じゃないんでね。休みなんてないよ。それにぼくんちはキリスト教が混じっていて、沖縄の伝統に疎いんだ」ぼくは答えた。

「え、君はクリスチャンか？」彼は意外そうな顔をした。

「クリスチャンというほどのことはない。小さい時に教会学校に行っていた。お母さんがそうだったんで、ぼくらは沖縄の風習に無頓着で育った。だけど君は沖縄の風習をよく知ってるね」

「数年いたんだよ。これで二度目なんだ。沖縄に来たのは」

「へえ、何でまた」

「ティーンの時に宣教で来た。モルモンだ」彼は少しはにかんだように言った。

「あ、そ。今度は兵隊さんなんだ」そう言うと、彼の表情が変わった。

モルモンか。じゃあ日本語はペラペラだ。でも宣教師が兵士になるなんて。どこか矛盾している。とはいえ、このように学校に勉強に来ているわけだから、兵隊でいるのは短期的な腰掛のつもりで、人生の通過点にしか過ぎないのだろう。ＧＩベネフィットがなければ、普通には大学に行けない経済的事情があったのだろう。

次の休み時間に振り向いて、彼の笑顔を確かめた後、気になっていたことを訊いてみた。

「君はスピリッツ（魂）を信じるか」突然のぼくの質問に彼は真顔になった。

「仏教にせよ、キリスト教にせよ、いずれにせよ宗教の根本は自己（セルフ）がこの世を超えることだね。そうだろう？　自己がこの世を超えればスピリッツと言えるだろう？」

「ああ、そういう意味か」

「そういう意味だ。善い行いをすれば天国に行ける。君らの言葉で云えば、信仰があれば天国に行ける」

「そうだ信仰があれば」

「人を殺してもか」

ぼくも本当に人が悪い。彼の表情が強張った。

哲学問答をするには、休憩時間は短すぎた。いや短すぎてよかったのかも。道端で宣教師に掴まったなら、逃げ出すのに苦労するほど彼らの弁舌は巧みだ。彼が宣教師であった時は、天国へ行く生き方を説いていたはずだ。

……人を殺すと自分も精神的に死ぬ。彼には人を殺せない。講義は始まったが、ぼくは講義そっちのけでそんなことを考え始めた。

おそらく、彼自身の中で人生の不協和音が聞こえていたに違いない。今日授業が始まったばかりで、今週は後、5日間あるが、彼はぼくとの会話を避けるだろう。

そうだ。生き方だ。殺戮の技術を学ぶ軍隊に籍を置く論理とは？　彼らはパブリックサービスと言う。1人を殺すことによって10人を救う場合もあるんだと。ウム、それにしても、つらい選択だ。人を殺すことで、人を救うなんて。しかもまわりは友軍の屍、となると、おだやかではいられまい。

案の定、彼は講義が終わると、そそくさと席を立った。ぼくはなぜ、そんなことを彼にぶつけたのか、思慮のなさに反省した。おそらくぼくの心の中で長らくわだかまっていたことに違いない。悪いことをした。

その晩、夢を見た。ぼくは戦闘に参加する兵士だ。さほど悲壮感はない。むしろ子供の頃、遊んだ戦争ごっこのように、かっこいい。そうだ、「コンバット」というテレビ番組に夢中だった頃のあの感覚だ。戦うことは爽快だ。ドイツ兵がバタバタと倒れていった。

目が覚めて思った。われわれにはさまざまな機能が備わっている。愛する本能と共に、戦う本能もある。彼ら兵士はわれわれ一般市民と完全に別人種ではない。われわれに共通な複数の機能の一つがわれわれに比べて発達した人たちだ。誰だって少年の一時期、夢想の中で、侍だったり、忍者だったり、兵士だったことがあるはずだ。敵をやっつけるのは快感だった。そしてやっつけるとは殺めることだった。

7　セクハラの噂

第5ゲートに入る手前に金秀スーパーがあって、そこでメロンパンを買う。最初のうちは基地内の物珍しさもあって、30分ある休み時間（ディナーブレイク）には校舎からちょっと離れた丘の上のフードコートに行って、食事をとっていたのだが、あじくーたー（濃い味付け）のアメリカ食にだんだん合わなくなったのと、時間的に余裕がなくなって、ディナーブレイクには授業のおさらいもしたいので、基地に入る前にスーパーに寄って軽食を買う。稲荷寿司とかもあるが、最近は手軽なメロンパンとウーロン茶に落ち着いている。コーヒーはダメだ。夜、眠れなくなるので。

「ワオ、ワッタ・サイズ」ぼくがカバンからメロンパンを取り出すと、その大きさに、数人いたまわりの女性たちがどよめいた。

実は休み時間に入る前に、宿題だった統計の取り方に関する生徒たちによるプレゼンがあった。順番がぼくに回って来たので、前に行き、仮想の数字を列挙した表を白板に書いた。そして、日本人は西洋人に比べて小食であるにも関わらず、日本人の腸は、このように長いのだと説明した。なぜなら長い間、日本人は仏教の教えから四つ足の肉を食べずに、穀物を主に食べてきた。そのため繊維の多い穀物を消化するために腸が長くなったのだと、しかし同じ東洋人でありながら豚肉を食べてきた中国人の腸は、おそらく、その限りではないだろう、などと蘊蓄を披歴したのである。

「何が小食よ」

そのことを持ち出して、隣の女性は笑い、まわりもドバっと笑った。

「メロンパンはパサパサで、中は空洞だらけだから、すぐに消化しちゃうんだ」ぼくは何食わぬ顔で、両手で抱えたメロンパンを瞬く間に平らげた。

翌日、少し太めだが、まつげが長く目の綺麗だった印象の、その女性が校舎の前の芝生に座り、教科書を開いていた。日光の中で見ると、30代半ばと言ったところか。ぼくが近づくと、手を振った。教室ではかけないトンボのサングラスをかけていたので、彼女が気がつかなければそのまま通り過ぎようと思っていた。

「西日を浴びて、よくこんな所で本が読めるね」

「外の方がハワイの延長みたいで、いいの。久しぶりのバケーションは良かったわ。でもハワイでも、教科書を持って、ビーチで読んでいたわ。全く、どこへ行っても宿題が気になって落ち着かないんだから。ユーも会計か財務管理をやってるの？」

「いや、仕事の必要性で勉強しているわけではない。数字が苦手なんで、長年抱いてきたコンプレックスを解消するために、勉強しているようなものなんだ。今でも高校時代に還って数学の試験に落っこちる夢をみる」

キャシーという名のこの娘はアカウンタントをしている。

「数字とにらめっこはしてるけど、このようにデータをまとめて統計を取ったり、回帰分析を行って、そこから将来の利益予測を立てるなんて大層なことはしなくてよ」

そばかすだらけの目元をくしゃっと崩した。

授業が終わり、帰る際に、キャシーは振り向き、歩幅を縮めてぼくを待ってくれた。

「正直、ヒデオはそんなに英語が上手じゃないね」とキャシーは、はっきり物を言う。ちょっと横目で、ぼくが凹んだかを確かめて、

「ネイティブじゃないから、英語で授業を受けるのは大変でしょ。しかも数学よ、これは」と救うように同情を寄せる。

「本当にそうだ。英語が分からない上に、数字も分からない。二重苦だ、これは」と
ぼくは苦しそうに顔を歪めた。

「苦しいのに、勉強するなんて、ユーはよっぽど自虐的だ。私でものびのび余暇を楽しみたいのに。時々なぜ勉強しているのか分からなくなる。あーあ、卒業証書ほしいからなあ」

「エィエィ、大学院の卒業証書は融通が利くからな。特にオレは経済学専攻だ。ステイツに帰ってニューヨークのウォール街で働くんだ。ガッポリ儲かるぞ」と後ろから大股で追いついてきた、のっぽのアフロヘアがぼくらの会話をこぼれ聞いてまくし立てた。

「ウォール街なんて最悪。アカウンタントはしてるけど、数字はヒューマニティーの敵よ。お金の計算ばかりするから社会が悪くなるんだわ」とキャシーは言い放った。

「必要悪かもしれないが、人の不安を取り除くのは資産しかない。数字感覚のないヒューマニズムなんて長続きしない。資産を持って初めて社会のことを考えるゆとりができる」とのっぽのアフロヘアは反論して、ぼくらをさっさと追い越した。キャシーは、全く、とぶつぶつ言いながら、こぶしを振り挙げ、その動作を大げさに2回繰り返した。

キャシーと別れて駐車場を少し歩くと、闇の中で、南城さん、と呼びかけられた。知人の新里だった。

「ああ、久しぶり」

新里は受験会場でも一緒だったし、オリエンテーションでも一緒だった。40代半ばで、メリーランド大学に通っていた。

「今、女の子と別りたらやー」

新里はいつも遠慮せずにモノをいう質だったが、珍しく棘があった。

「手を挙げて怒っていたんじゃないかー」

「ハア」

「何かしつこくしたんじゃないか」

「ハア」

「そうじゃなかったらいいがな……　君は知らんのかー。新垣さんのことよー」

新垣はもう一人の基地内大学に通う仲間だ。

「むやみに女性に話しかけて、セクハラで注意されたらしいよ」

「えっ」

「君も気をつけた方がいいよ」

それはないだろう。兵士は、基地の中でも、基地の外でもガールハントをしている。

ぼくにはその気はないが、その逆もあっていいのではないか。新垣さんは基地内大学に入れたことをうれしく思って、むやみにアメリカ人に話しかけては英会話の力を磨いていた。誤解されたのではないのか。

「誰が注意したんだ」

「なんでも、クラスの教授だって」

「あぎじゃべ、いやだね。偏っているんじゃないか」

……ぼくは昔のことを思い出した。ロサンゼルスの短期大学に通っていた頃の話だ。まだティーンだったので、本当に昔の話だ。ぼくは化学の授業で、後ろにいた女の子と悪ふざけをしていた。見咎めた先生に指名されたぼくは黒板に向かい、簡単な化学式を書いて、席に戻ったのだが、次に指名されたその子にチョークを渡そうと思って、ポーンと後ろに投げたのを彼女がキャッチできなくて、床に落ちた。

「拾いなさい」化学の教授は強く言った。あいにく彼は第二次世界大戦のベテランで、頑なな処があった。

「この色は何だ?」チョークを拾ったぼくに教授は問いかけた。

「イエロー」

「この色は何だ?」

「イエロー」

その時、ぼくは自分が何を問われているのか分からなかった。痩せっぽちの、その女の子の寂しそうな顔が何十年も経って突然よみがえった……。

昔の出来事に一瞬、心が飛んでしまったぼくに、心当たりがあるのかと見做した新里が言った。

「とにかくよ。あったーんかいや馴れ馴れしくさん方がいい」

「しかし、ぼくたちでなくても、夜学に通う連中は白人にせよ、黒人にせよ、もう女の子にアプローチする年齢じゃないだろう。ティーンエージャーじゃあるまいし。皆、セカンドライフの構築に懸命だ」

ぼくは反駁を続けた。

「確かにこの環境で羽目を外す奴がいる。アメリカ人と一緒に勉強していることが嬉しくて。ほら、ジュニアカレッジでね、沖縄の女の子たちが兵隊たちに接近するだろう。あれを見て向こうを張ったんだね、新垣さんは。でも嫌がられちゃったわけだ。緊張して、やたら笑ったり、こわばった顔をしたりして、しつこく話しかけるもんだから、怖くなるんだよなー、相手は」

「不公平だよな。セクハラんぃち。やっぱしアメリカーはダメよー。見下してるんじゃないか、俺たちのこと。じゃあまたやー」

そう言う新里と別れて車に乗り込んだが、新里が戻って来たので、車の窓を開けた。

「あのさー、分からなくなるわけよ」

「またなー。何がさ」

「ぼくたち、こんなに頑張ってアメリカーたちと肩を並べて勉強してるんだけど、何になるんだろと思ってさ」

「ハア」

「誰が評価するんだろう。卒業しても、勉強したことが活かせる職場ではないし。転職と言ったって、こんな小さな島ではなあ。英文書を常時書かせたり、英語で取引をする職場って、どういう所があるんだろう」

ぼくも、ちょっと考えたが、即答できなかった。新里はぶつぶつ言いながら、自分の車の方に歩いて行った。

溜息が出た。何のためにって。それよりぼくの頭ではセクハラの話が渦巻いていた。暗闇の中で車のスイッチを入れると、ボビー・ビントンの「ミスター・ロンリー」がかかっていた。アイアム・ア・ロンリーソルジャー、アウェイ・フラム・ホーム。なるほど故郷から遠く離れた兵士たちはロンリーだったが、この場合、アウェイなのは何か自分のようにも思え、この島がぼく自身のホームベースである分、苛立たしくもあり、悲しくもなった。

車が基地の外に滑り出て、高速道路に乗っかっても、釈然としなかった。友達になろうとしたばかりにセクハラだなんて非条理だ。ここでは国際交流など通じない。

ぼくの知人の中には、ぼくが基地内の大学院に通っていることを聞いて、いいなー、君は。基地内の学校だなんて。ブロンドとかブルネット美女がいるんだろ、と肘をつつき、冷やかす奴もいたのだ。

でも、大雑把な外国の女性には昔からあまり惹かれなかった。火遊びしたことはあるが、共生欲求は湧かなかった。疲れるのである。

翌日、キャシーとも会ったのだが、その他大勢と一緒で、昨夜の話題がおかしいほどの、あっちもこっちも何とも思っていない、ごく自然な距離にいた。例えば、休み時間、長身のアフロヘア（ジェイムスと言う）が、机を並べるぼくとキャシーの間に割って入って、いかに彼の分析と予測が的中して株投資で儲けたかをまくしたて、キャシーをうんざりさせていた。そんな状況の中、ふと、新里が懸念したセクハラ騒ぎを思い出すと、人の異なる視点は単純な現実からあらゆる出来事を想起させるものだと考えるのだった。

女性に動じない年齢になって学問を再開する、とは誠に殊勝な言い方だが、色気のあった20代の中半、こんな禁欲生活なんて続けられるものか、と思ったのも、就職すべき年齢に達したのに加えて、大学院を諦めた一因だった。早く就職して、結婚しよう。学問の再開はその後、落ち着いてからにしよう。そう思っていた。

ずっとその考えがこびりついていて、東京やロサンゼルスでの仕事を経て、沖縄に帰り、この基地内大学に就学する運びになったのだが、どういうわけか、ぼくはまだ結婚はしていなかった。つまり、学問を阻害する色気の要因は実は残っていたのである。妙に冷めた数回の交際を経験した後、盛りを過ぎた煩悩は燻っていた。そしてそれは、母の寂しそうな顔を見るにつけ、焦りの色を加えていた。

8　日本とアメリカのビジネス　ＴＱＭ

オクラホマ大学院の事務所にＴＱＭ（Total Quality Managememt）のテキストを取りに行った。あちらこちらの白塗りの二階建てに日の光が眩しく照り付けている。土地が広いから高いビルディングは要らない。索漠としながらも、基地はアメリカの田舎町のようにのんびりと広い青空を謳歌している。ところが事務所は天井の低いアメリカ住宅を十字型にくっつけたようで、アカデミックな重厚さは微塵もない。なぜ基地内の建物はこのように天井が低いのだろうか。背の高いアメリカ人は窮屈に感じないのだろうか。われわれが四畳半の茶室に入るように、身をかがめて入って、精神統一し、仕事に集中するためなのだろうか。機能オンリーで何の装飾もない、のっぺらぼうの、アスベストが詰まっていそうな白い天井と壁。

事務員のジェシーはカウンターにテキストを並べたが、シラバスにリストアップされた3冊の内、1冊が足りなかった。やせぎすで銀髪のジェシーは青い目が澄み切っているのに、マリンスポーツでもしているのか、肌は黒く焼けて、そばかすだらけで、口元がひび割れている。

「おかしいわね。全部頼んだはずなのに」

ジェシーは帳簿をひっくり返したり、奥の棚を覗きに行ったりしていたが、

「ごめんなさい。これから注文しても、ちょっと間に合わないかもね。もう来週だもの」

と首を傾げた。

クラスは来週に始まって、1週間で終わる。困った。

ジェシーは、はたと手を打った。

「そうだ。ビルに訊いてみよう。彼ならテキストを持っている。彼はTQMのコースを取るのが2回目なの。昨年も取ったんだけど、気に入って、もう一度取ると言って、また登録したわ。今年の教科書がバージョンアップしたんで、新しいのも買ったわ。彼は昨年の教科書も持っているはず。中身はさほど変わらないはずだから、いいよね、古いのでも。電話してみたら」

アップデート・バージョンは体裁や最新の統計等、少々の書き加えがあるのが普通なので全然気にならない。

「ビルは『カイゼン』にすごく詳しいの。カイゼン、カイゼンってよく言うの。ほら

トヨタ方式とか何とか。結構日本のビジネスの手法を研究している。わからないことがあれば、彼に教えてもらったらいいわ」

ほう、日本のビジネス手法を研究している奴がいるんだ。彼とは日米のビジネス手法のさまざまな違いについて議論できるかもしれない。ひょっとしたら、軍隊における彼らの仕事ぶりについて言及するかもしれない。これは面白くなるぞ。

夜になり、嘉手納基地に電話をして、オペレーターに宿舎の番号を述べるとすぐにつないでくれた。

「フー・イズ・イト？」

ぼくは用件を述べた。ビルは確かに教科書をもう1冊持っていて、貸せると言った。

「沖縄人か」

「沖縄人だ」

「沖縄人にＴＱＭが分かるか」

「ぼくは東京に本部を置く組織に勤めている。やり方は日本的だ。ほら、君は日本のビジネスのやり方に興味があるだろう。事務所のジェシーがそう言ってた。ぼくは沖縄に帰ってくる前はロサンゼルスにいて、ビジネスをしていた。互いに学びあうことがあるかもしれない」

「沖縄に帰って来て長いのか」それでも彼はうちなーんちゅが高い管理技術を有していることに懐疑的だった。

「もう2年になる。帰ったら帰ったで、TQMなんて意識は確かに忘れてしまったよ。ま、沖縄風にのんびりやってるよ」

「沖縄人は南方民族だ。全てやることはスローで。東京とは違うだろう」とストレートにビルが訊く。

「そうかもしれない。確かに沖縄人はスローだ。一緒に仕事をしていて拍子抜けすることもある。沖縄が発展するためには、のんびりの性格を変えて、仕事の質に問題意識を持たなくてはならないね。そちらはどうだい。まわりに沖縄人はいるかい。いろんなサービスをしてくれるだろ。彼らの仕事ぶりはどうだい?」

ぼくは彼に迎合して話していたのだが、同朋を軽んじた罰はすぐに訪れた。ビルはぼくのことを鼻持ちならない東京仕込みの人間と解したようだった。月曜日にクラスが始まる前に、キャフテリアで会ったのだが、片手をポケットに突っこんだまま、テキストをテーブルの上にポンと置いただけだった。握手をするために差しだしたぼくの右手は空に置かれ、彼は去った。いけ好かない奴。

教室に入っても、彼はぼくを無視していた。クラスの皆は教授の計らいで、中央を空けて二手に分かれて向かい合った。

まず、快進撃する日本企業のビデオを見たのだが、最後の場面で、旧海軍の乗組員が、戦艦上で、鈴なりに集結して、万歳を叫ぶのである。これには皆、失笑し、ぼくは赤面した。

「さて、TQMの内容に入る前に、このエピソードから始めよう。ニューハンプシャーにあるナシュアという企業は、70年代から日本の企業リコーと提携してコンピューターのハードディスクコピー機を作ってきた。研究開発部長が二度目に東京に派遣された時、前回の礼儀正しい歓迎を受けることがなく、お義理の会議が2、3回、行われただけだった。リコー社は何かの期限に間に合わせようと、大忙しだった。皆が、データや図を持ち出して、問題点を探っていた。社長以下、研究開発部、販売部、工場現場、会計に至るまで」

そこまで述べて、教授はいったん区切り、さして関心なさそうなクラスを見渡した。

「『いったい何が起きているんですか？』ナシュアの開発部長がリコーの担当に訊くと、

『すみません、デミング賞に応募する期限が迫っているんです』との回答があった。『デミング賞?』開発部長がデミングの名前を聞くのは、これが初めてのことだった。社長のコンウェイに訊いても、デミングのことを知らなかった。コンウェイがリコーと提携しようとしたのは、日本の安い賃金でコピー機を生産させようと思っていただけなのだ。ところが、リコーの生産ラインの優秀さはすでにナシュアを上回っていた」

そこまで話して、やっと本筋を合点したクラスの反応を得た教授は話に力を入れる。

「『デミング。何者だ』と、社長のコンウェイはデミングを探し出す。デミングはすでに78歳の老体でワシントンDCの郊外にいた。デミングは戦前から統計学者として大学の教壇に立っていた。戦争が始まると、軍事品の大量生産に従事する生産企業や技術者、設計者などに品質管理の大切さを訴えた。その講義の成果は米国品質協議会の設置にも現れた」

「そのアメリカ人によるアメリカ製の品質の成果をなぜ日本人に奪われてしまったんですか?」

珍しく陸軍のカーキ色の制服を着用したままクラスに出席した金髪の若者が問う。

教授はニヤリとする。

「戦後、他国の生産活動がすべて停止して、物もないので、アメリカ企業が作るものは、すべて飛ぶように売れるものだから、デミングの説く面倒くさい品質管理は無視されるようになったんだ。アメリカの産業界に幻滅したデミングはその頃、マッカーサーに頼まれて日本の人口統計の調査に行く。そこで日本科学技術連盟の関係者に出会ったデミングは、生産品質管理に関して教えを請われた。彼の説く品質管理は技術者だけではなくて、最高経営者のお墨付きを必要とするので、その条件を出したところ、産業復興を念願する日本のトップ、経団連に招かれて講義をすることになる。そこから戦後日本産業の奇跡が始まった」

「あ、アメリカがデミングを捨てたのか……」思わず金髪の制服が声を上げる。

「デミングがアメリカで有名になったのは、実に戦後35年経った１９８０（昭和55年のことなんだ。その年の6月にＮＢＣテレビでドキュメンタリー『If Japan can, why can't we?（日本ができるのなら、われわれにだってできるはずだ）』が放映され、デミングの長年に亘《わた》る日本における活動が紹介された。その翌日から、ホワイトハウスの近くに住んでいても政府も業界も誰も知らなかったデミングの、自宅地下にある事務所の電話が鳴りっぱなしになった。わが社に来てほしい。わが社に来てわが社の窮乏を救ってほしい、と」

デミングの提唱する品質管理はトップマネジメントからボトムのねじ回し等の生産ラインのみならず、事務、販売部門、資源やパーツ供給者に至るまでの協力を前提とするので、ＴＱＭ（トータル品質管理）と呼ばれる。ＴＱＭには達成すべき14の項目がある。そのすべてが顧客の満足に向けられる。

1. Constancy of purpose 目的の一貫性　2. The new philosophy（brought up by Japanese）日本発の新しい哲学 3. Cease dependence on mass inspection 大量生産製品検査のみに依存しない 4. End lowest tender contracts 最安値の供給契約をしない 5. Improve every process 各段階の改善 6. Institute training 研修制度の設置 7. Institute leadership of people リーダーシップの制度化 8. Drive out fear（of superiors）上司に対する恐れをなくする 9. Break down barriers between department 部門間の壁を取っ払う 10. Eliminate exhortations 檄を飛ばさない 11. Eliminate arbitrary numerical targets 専断的な数値目標を取り外す 12. Permit pride of workmanship 職人気質を高める 13. Encourage education 教育を奨励する 14. Top management commitment and action 最高経営者の決意と実行

加えてデミングが致命的な欠陥と呼ぶのは4つある。1. Lack of constancy 一貫性の欠如 2. Short-termism 短期的な達成目標 3. Appraisal of performance 競争に駆り立てる成績重視 4. Job-hopping 管理職の渡り歩き 5. Use of only visible figures 数値のみの評価

「しかし、これは製造会社の話でしょう」誰かが声を上げた。

「そうじゃない。サービス産業だって、政府の仕事にだって、あてはまる話なんだ。確かに政府は生存するために他国の企業や政府と競争しているわけではない。しかし限られた予算や資源を使って最大の効果をあげなければいけないプレッシャーは常にある」

教授はそう言って時計を見た。

「さてと、休み時間に入る前に、これをちょっとやってごらん」

教授は1セント玉を出して、

「この1セント玉の表の絵を描いてほしい。皆が毎日目にしている図柄だ。何をどれだけ覚えているか、描いてほしい」

皆は思い思いに1セント玉の絵をかき始めた。

「さあ、できたかな。ポケットから1セント玉を出してもいいよ。確かめてごらん」

ぼくはあいにく1セントがなかったので、隣の奴に見せてもらった。ぼくの作品は本物とぴったりだった。特に額と尖った顎髭は月の輪郭で秀抜だった。ただし、リンカーンの肖像の向きが違った。実際の硬貨の顔は右向きだったが、ぼくのリンカーンは左を向いていた。

「オーワオ、グレイト」と彼は言い、自分の作品をひっこめた。

「このように普段目にしていても注意を払わなければ、記憶に残らない。経営管理だって、普段のわれわれの行動を意識することで、違いを生むことができる」と教授は言った。

休憩に入ったので、ぼくはビルのところに行き、彼の作品と比較した。ビルの一セントは全く体を成していなかった。ぼくは子供のように勝ち誇り、ビルはアメリカ人としての誇りを傷つけられた。

余裕が出たぼくは自分の椅子に戻り、講義ノートに目を走らせた。

デミングの信条は「檄を飛ばさない」、「専断的な数値を取り外す」か……檄を飛ばし、分析に依らぬ専断的な数値目標を設定するのは製造販売会社などの典型的な経営スタイルだった。ぼくが以前に勤めていたのは日本の食品会社だったのだが、ひどいものだった。販売が頭打ちになると社長は怒鳴り散らしていた。皆は黙々と働いていた。中には恐怖を感じたものもいたかもしれない。実際、ぼくをはじめ同僚たちの真面目な職人気質によって会社は成り立っていた。仕事の結果、品質に少しでも問題があると誰でも心の中でわだかまりを覚えた。しかし日本においては職人気質に基づいた品質製品の提供と販売は当然だと見なされる。会社は売り上げ目標を延々と上乗せして、皆を当惑させるのだった。特に販売数値のみで評価される営業マンたちはへとへとになっていた。

教授の講義が再開した。

「独占体制である政府役人の仕事ぶりが活気に欠けるのはわれわれ納税者から見るといら立つばかりだが、TQMによって業務が改善したのは行政だけじゃないよ。皆さんが所属している軍隊だってそうだ。1991（平成3）年に空軍のサクラメント後方支援センターが連邦品質管理機構から品質管理賞を受理したケースを紹介しよう。センターが管轄する基地では、1980年代前半にはF11戦闘機の40％しか指示通りにすぐさま空中に舞い上げることができなかった。それが1988（昭和63）年には74％の戦闘機が臨飛行態勢となり、90年代になってさらにその数が増している。同じようにA-10戦闘機の臨戦態勢は88・3％に達した。これらは全て各部署の小さな『カイゼン』から始まっている。例えば、燃料の漏れ。これは燃料タンクの充填開封に伴って起きる。改良点は化学溶媒の代わりに高圧水を使ったこと。時間はかかったが、漏れは激減された」

皆の頷き様が横目にも見えた。

「次に、基地外にいる請負業者が基地に入る許可を与えるために要したセキュリティーチェックが平均22分かかったのを、データを整理し、身元確認の技術を高度化し、迅速に行い、八分に短縮した。彼らはすぐさま基地に入り、タンクの充填開封作業が開始できるようになった。次に注文した部品の調達が遅れるケースが4000件もあったのを、その手順を変え、業者を研修することによって、その83%が期限内に調達できるようになった」

「それはそうだ。部品が調達できなければ、われわれメンテナンス班はひたすら待つのみだ」とクラスから声が上がる。

「TQMは顧客第一をモットーにするが、まずはわれわれの仕事の原料供給者、つまり請負業者との連携から始まる。2つ目の例だが、80年代の国防省契約管理局北東部の話だ。部は38000人の雇用体制で、8万以上の物品調達契約を4500もの請負業者と交わしていた。当時、製造コストは急騰し、その割に品質は劣化していた。商品を受け取ってからの評価、送り返し、修繕等、経費は莫大だった。国防省契約管理局は、T

ＱＭを実施して、業者とのコミュニケーションに時間をかけ、製造工程を共に確認し、誤りを少なくし、使用者が何を求めているかの知識を彼らと共有した。そのようにして返品率を50％減らすことができた。どうだね。君たちの部署でも効率の悪いやり方に気がついていないか？」

課題が与えられ、クラスで議論が始まった。

「この前の滑走路のゴミ拾いはきつかった。炎天下、一列に並ばせて。あんなの道路清掃車を使えばいいじゃないか」

「訓戒のために俺たちにやらせているんだよ」

「それにしても非効率極まりない」と一方のグループから聞こえ、また別のグループからは、

「カイゼンだって？　これはやっぱり性格の問題じゃないか。日本人は従順で、まじめすぎる」と聞こえてきた。

「しかも緻密な仕事をするよね。沖縄の店員さんとか作業員を見てると結構やることが細かいよ」

「これは文化の問題ではなかろうか。とするとわれわれの性格、そして文化を変えろ

という話なのか。バリエーション対ユニフォーミティ。われわれアメリカ人は個性的だ。思い切った発想、相手におもねることのない、真摯な対応。そしてリラックスした人間関係。見ろよ、日本人のあの、プレッシャー下の商業的なスマイル。二重人格だ」

「しかし俺らは軍隊にいる。俺らだって、求められるのはユニフォーミティ。日本人の従順さやキマジメさと、われわれの絶対服従の任務とどこが違う?」

「われわれだって二重人格を強いられている。自由平等博愛を旨とするアメリカ人が、だ。制服と共に仮面を被る」

自嘲的な笑い声が起こった。

「基本的には、自由な個人である時と組織人である時の違いだ。事情は日本だって同じだろう」

その冷めた声に皆は少し静まり返り、社会的考察に耽った。なるほど、日本人が集団的に行動するときは、皆が合体して、個々のブレーンを捨てて手足となる。

「われわれが仕事の質を高めようと声を上げたって誰が聴く? なんのメリットがある?」

「日本人の労働者はそれでも声を上げるんだって。きっと終身雇用のシステムだからだ。やはり声を上げれば認められるんだ。それに会社のためになることは自分のためにもなるんだ。きっとそういうシステムになっているんだ」

皆がぼくを向く。日本の評判が独り歩きしている。

「で、ヒデオはどう思う？」

「あー、ぼくは、えー、そうだね。ぼくのまわりは上司に何も言われることなく、黙々と仕事をしているよ」

「いや、君たちの職場では仕事を効果的、かつ効率的にするために上司に提案することがあるのかと訊いている」

「ああ、そうだね。自分の裁量の効く範囲内で、工夫して効率化を図っている。それ以上は上司に提案するが、採用される場合もあるが、採用されない場合が多い」

可もなく不可もないぼくの答えに彼らは忽ち関心を失い、議論は別方向に向かった。

…管理側と労働側との協調体制が終身雇用によって実現しているだって？　くそ、そんなもの、もうとっくに崩壊してるよ、と喉元まで出そうだったが出ない。皆はうらやましそうにぼくを見る。もうここまでくれば、ぼくがアウトソースされている身分だなんて、しらばくれるしかない。デミングはアウトソーシングの乱用を戒めている。最安値を目指して質を犠牲にするからだ。しかし日本では終身雇用しなくとも、ある程度の質が従業員から確保できるようになると、終身雇用の社員を限定して、大方を非正規雇用と下請けとで固めるようになった。質は搾取される。そしてその後、質はゆっくりと低下していくだろう。

話はお金の話に移っていった。優秀な製品を世界に輸出してきた日本は豊かな国になり、賃金も増えたのだと。

「日本人はどのくらい、貰ってるんだろうなあ」

皆がぼくを向いた。

「そうだなあ。平均年収500万円ぐらいかな」これには見栄も入っていたのかもしれない。

「500万円だって?」

みなシーンとなった。

「ああ、それでも沖縄は東京の70パーセントぐらいだ。全国で一番低いんだ」

すると大柄の迷彩服の男が声を上げた。彼はプロレスラーのような巨躯で、座っていても皆を圧倒していた。

「みんな知ってるだろう。俺たちの平均年収はだいたい3万ドルだ。おい、みんななぜ黙ってるんだ。本当に大したことのない仕事さ。そんな仕事に俺たちは何で就いたんだ。何で兵隊になったんだ。俺たちはアーチストでもなく、ビジネスマンでもなく、サイエンティストでもなく、何の取り柄もないからさ」

ディナーブレイクが始まったが、大柄な兵士たちは、フードコートに行くのに誰の車で行くか話していたので、ぼくの車で行かないかと、彼らを誘った。ぼくはこの大柄な兵士の素直さが気に入っていた。彼はぼくに少し優越感も与えてくれた。彼の立派な体格からして、日本では格闘家としても金を稼げるのにと思った。

日本の「改善」に心酔しているはずのビルも誘ったが、いや、俺は行かないと断られた。大柄な兵士をはじめ3人は、「小さい車だな」と言いつつ、ぼくの車に乗り込んだ。安っぽいダイハツ・シャレードの中古車だが、ぼくはシャレードのターボエンジンを自慢したかった。アクセルを踏むと急加速し、アクセルを外すと急減速するのだ。だから安全なんだ、と訳の分からない説明をして、さあ行くぞ、とエンジンを吹かした。車が発進すると、彼らは右に揺れ、左に揺れた。

「ワオ、カミカゼドライバー」

どうだい、メイド・イン・ジャパンの実力は。ぼくは子供に還ったように彼らを揺らして楽しんでいた。

フードコートにはサブウェイ、ポパイ、チャーリーステーキ等、幾つかの店舗が並んでいる。彼らは一日の労働を癒す大皿を盛るチャイナキッチンに行き、長い列に並んだ。ぼくは夕食を簡単に済まそうとタコベルでタコスを注文した。キャフテリアには教授がすでに到着していたが、別のクラスで一緒だった、グリーンの飛行服を着用したパイロットの面々に囲まれていた。それでぼくは彼らの席に合流したので、一緒に来た大柄な兵士たちは別テーブルに着くことになった。

「今日はコリアまで飛んできた」

「え、コリアまで。どれほどの時間で行くのか?」

「何十分だろう。とにかく一時間足らずだ。そうだ、この前はJASDEFの連中と一緒に飛んだよ。別の空域だったけど」

「え、JASDEFって?」

「おたくの航空自衛隊だよ。けっこうみんな達者だ。小回りもなかなか巧い」

「沖縄の上空は彼らの飛行機で結構混んでいるんだ。時々落っこちる」とぼくがつぶやくと、

「え、彼らとは？」と教授が訊く。

「彼らですよ。こちらの面々と、……そうか自衛隊も」

彼らの表情が一瞬止まったので、しまったと思った。

別のテーブルに着いた巨漢の兵士たちは、精神的にもパイロットたちと距離を置いているようだった。

「あいつらが安全に飛べるのも、俺らがしっかりメンテをしているからだ」と帰りの車の中で巨漢が言った。

家に帰って調べてみたところ、うろ覚えだった５００万円というのは労働者１人当たりの平均ではなくて、日本の世帯の平均年収だということが分かった。つまり夫婦共働きも含めた収入だ。沖縄に至っては、世帯年収が３００万ちょっとで、下士官の単独収入と同じだ。話にならない。

「カイゼンだって？止めだ」翌日、隣のグループから、ビルの声が聞こえた。ビルは自分のグループ名を『カイゼン』という名前から『グラマン』という名に替えた。なぜ替えたんだと訊くぼくに、「グラマンの方が優れているからさ」とぶっきらぼうに答えた。

グラマンはゼロ戦に対抗したアメリカの誇る戦闘機で、軽く造られて弾が命中するとすぐに火を噴くゼロ戦と違って、何発弾を食らっても平気なように頑丈に造られていた。

土曜日の午前中に試験があり、その結果は1週間後に送られてきた。さすがTQMの教授だ。やることが素早い。通常、Aを取る奴が5人、Bが10人ほど。後の15人はCだ。

TQMの講座でその5人に入ったぼくは、ルンルン気分で、次の講座の登録をしにオクラホマ大学のオフィスに向かった。教育部は授業の行われる嘉手納ハイスクールとは離れた北側にある。そこはハイスクールのあるシュマー通りを行き、58号線沿いの第一ゲートから続くダグラス大通りで右折し、ゴヤ第2ゲートからのクウター大通りに出くわした向こう側にあり……つまり飛行場の格納庫に近く、ぼくらよそ者があまり近づきたくない場所にあった。

教育部の中にあるオクラホマ大学のオフィスに入ると、女性が数人雑談している。ジェシーの留守を頼まれた女性が次回コース登録のリストを出してくれてそれにサインした。カウンターの上には、彼女たちが自宅で焼いてきたのか、いびつな形にどぎつい原色のコーティングをした、ホームメイドのクッキーが置かれている。そうか、ハロウィーンだ。

「あ、おいしそう。これもって帰っていい?」

「あら、もちろん」

遠慮のないぼくはこれと、これと、これ、という風にクッキーを5つほど取った。帰りがけにドアが閉まりそうなときに、取り過ぎたのか、「ワッタ・ガイ（なんちゅう奴だ）」と奥様方が言うのが聞こえた。ぼくはクッキーを持って、中庭を挟んでコの字型になった回路の向こう側にあるパスセクションに行って、パス申請をしながら、窓口の沖縄の女の子たちの受けを狙って、そのクッキーを振舞うのだった。

9　教授の素朴な疑問

浮かれる日もあれば落ち込む日もある。このテンションの上がり下がりは何だろう。明日からガバメント・バジェット（政府予算）の講座だというのに、勉強する気がぜんぜんない。何といおうか、勉学のために花の土日を犠牲にしている気がしてきて嫌になったのだ。自分で自分をこんなに強いる生活を選んでおきながら。特に、来がけに美浜アメリカン・ビレッジのショッピングモールで食事をしたのが悪かった。幸せそうな家族連れやカップルだらけで、ああいう所へは一人で行くものではない。

それにしても行政の勉強には身が入らない。半ば自分を鞭打ちながらやっているので能率が上がるはずがない。なぜこんなことをしているのだろう。行政学が学問と言えるかどうかは良く議論されることだが、抽象的な知識に偏ったぼくの頭脳にとっては実社会との接触点だ。だが、知的好奇心に燃えているというより、他人より知識や資格において有利に立とうとする防御の構えに過ぎないので、どうしても呼吸が苦しくなる。

そうやって気ばかり焦って、中身が充実しないまま、1週間を過ごして、ガバメント・バジェットの授業を昨日終えた。意気の上がらないことはなはだしかった。英語のハンディに数字のハンディ、おまけに勉強もろくにしなかったので教室でひたすら小さくなっていた。さらに小論をまとめてアメリカへ送らねばならない。

1週間で授業が終わるシステムは酷だ。改めてそう思った。半年間のセメスター制とか3カ月間のクオーター制だと、始めのうちは、わからずとも教授の講義に徐々に触発されてその世界に埋没していくのだが、授業期間が1週間だけだといきなり荒波にのまれてしまい、おぼれないように必死にしがみついているだけだ。

ああ、今日は日曜日だ。しかも晴天で青一色だ。そしてぼくは、ここ嘉手納基地のコミュニティー・サービスエリアの中の図書館にいる。兵士が軍務を忘れ、短パンにカラフルなポロシャツ姿でよく勉強している。ぼくはファイナンシャル・クライシスの資料を求めて、ここに来たのだが、ずいぶん古い本ばかり。ファイナンスの宿題資料が見当たらなくていらいらする。米国の資金難はよいテーマだが、どうせ評点もつかないのでさっさとやってしまおうか。40代のテーマは、とにかく楽しく勉強することだったのに、いざやってみると、難儀でしかない。中年の過ごし方としてベストな選択であっただろうか。

あくびが出る。ぼくの眼は机の上を泳ぎ始める。そうだ、この万年筆はロス時代から持っている。パーカーの芯を平和通りで買ってきたので、差し替えてちょいとためし書き。これは細いの。これは太いの。パーカーはクロスに比べても好きだ。このシルバーで鈍く光る丸い胴体の感触がよい。

集中力に欠けて宿題がとても進まない。英語歴20年といえどもどこかでぴたっと進歩が止まっているのである。やはり10代、20代の柔らかい、吸収力に富んだ頭脳とは違うのだろうか。18歳の時のあの驚異的な知識包摂力よ、今一度、と念じて、目を横文字に貼り付ける。

「ヘロウ、ハウアーユー?」

「アア、ドクター・ブルジンスキー、ファイン・ハウアーユー?」

屈伸をするため手を挙げ、床を軽く蹴ってデスクを仕切ったパーテションからはみ出ると同時に、遠くのデスクから、昨日終えたばかりのガバメント・バジェットのブルジンスキー教授が立ち上がった。ぼくは授業に集中できず、成績も芳しくなく、意気消沈していたので、あまり話したくなかったが、なぜか教授はぼくの所に来た。

「先生は今日ステイツに帰るんじゃなかったんですか?」

「再来週コリアでも授業があるんで、その間は日本でバケーションを取ることにしたんです」

「それは良かったですね」

「ところで聞きたいことがあります。新聞を読んでいると、沖縄の基地負担とある。精神的にはそうだろうと察するけど、経済的にも負担しているんですか?」

「詳しくは分かりませんが、ここは元々私有地で、日本政府が所有者に賃貸料を払っています。それに思いやり予算といって、住宅を提供しています。その他には……」

ぼくがちょっと回りに遠慮しながら小声になったので、教授は、外に出ようとぼくを屋外に誘った。髪がぼさぼさで、時代遅れの赤と青のチェックのシャツから太鼓腹がはみ出たブルジンスキー教授は慇懃で、見るからに学問オタクで人を安心させる。図書館の脇の芭蕉が緑の葉を青い空にかざしている。土色に枯れた葉は綻んでいる。秋も深まっているが、クーラーの外はまだ暑い。

「そうか、沖縄側が経済的に負担しているというわけではないんですね」

「そんな財力が沖縄にあるはずがないでしょう。経済的な負担、というか、地主たちは追い出されたんですよ。銃剣とブルドーザーで。人権抑圧と強権政治です」

「政治的にはそうだと思う。この島のサイズにしては基地が大き過ぎる。その代替負担と言うか、基地があるおかげで、果たせない経済があったとして……もし基地がなければ沖縄は経済的にどうなりますか？」

またか、と思った。基地経済がないと沖縄は成り立たないという風に持っていくのが彼らの自己肯定の論理だ。

「もうほとんど基地経済から脱却しているんです。基地がなくなれば、農業と、施設を造って観光かな。そうですね。基地があって豊かなのは少数の土地持ちだけで、なければ、もっと多くの人々が広い土地で安心してゆったり暮らせます」

「安心して、ゆったり暮らせるのは経済の目標だからね。もっとも、生活の手段が確保されてのことだが、ま、それは日本国内の事情ですね」

そうだった。基地あってのポンプ経済―中央政府からの特別補助金か。2人はこうべを垂れた沖縄の旗、色あせてひっちぎれた芭蕉の葉を、おそらくは違う思惑を持って見つめた。

10　卒業論文

就学2年目の冬が近づき、そろそろ卒業論文を書く時期になった。ぼくは沖縄のインフラ整備と経済の向上について書こうと思っていた。

久々に牧志に出て、本屋に入るが沖縄振興開発計画に関する書籍は見つからなかった。政府刊行物のある県庁か県立図書館に行くべきであろう。肌寒くなった国際通りや市場は買い物客でごったがえしていて、人恋しくなったぼくを慰める。勘違いして半袖を着た若い観光客のカップルが、「聞いてたより沖縄って寒いやんか」と両手を組んで通り過ぎる。地元の買い物客はお土産品店が並ぶ国際通りを歩かない。解放感に浸りたい学校帰りの学生かサラリーマンくらいか。平和通りの奥深く入らないと、ウチナーおばさんたちの賑やかな駆け引きは聞こえない。

祖国復帰以来、道路建設や学校整備に始まった沖縄振興開発計画も、90年代になって第3次計画を迎えていた。道路、橋梁、空港、港湾などが整備されて、観光産業が栄え、確かに沖縄はぼくらの少年時代とは打って変わったすてきな島になっていた。基地経済からの脱却がある程度果たされていたが、しかしポンプ経済とも揶揄されていた。自立的な発展ではない、絶えず助成金が流入しないと、忽ち息絶え絶えになる沖縄経済。

ぼくは卒業論文ゼミでＯＨＰを使って、沖縄経済の状況をクラスメートに説明していたが、スライドの向きを間違って置いて頻繁にひっくり返すたびにクラスメートからカモーンとブーイングされた。

１９７０年に全就業者の25％もいた第１次産業の従事者は10年後には13％に減ることが予想され、その減った分を当時18％だった第２次産業の従事者を28％に上げて吸収するという国と県の予測と方針が立てられた。第3次産業の従事者はすでに57％もいたので、これ以上は増えないだろうと思われていた。

その10年後、確かに第1次産業の従事者は13％に落ちたが、第2次産業の従事者は20％弱留まりだった。つまり、第1次産業の従事者は、観光客の増加につれ、第2次産業ではなく、第3次産業（66％）に飛び移ったのだった。その収益も76％を上回った。その後、観光産業には大手デベロッパー達も加わって、リゾートホテルが林立する。第3次振興開発計画も第2次産業を諦めて第3次産業の育成に舵を切る。

「観光か。イエス。いいじゃないか。沖縄のビーチはすてきだ。俺はいつも甲羅を干しに行く。観光に来る東京ガールズもすてきだしね」

鬱積がたまった大きな背中を丸めて、いつも神経質そうに爪を噛んでいる奴が、珍しく軽口をたたいた。自分は博士号を取ってドクターと言われるのが夢なんだ、と語っていた。教授はいいな、人から尊敬されて、と言うのが彼の口癖だった。軍隊の中で規則通りに行動するのではなくて、頭を使い、フリーシンキングで、論理を構築して人をリードする立場になるんだ、と。

「そういうわけで、沖縄はこのように夢のあるすてきな島になった。ぼくの子供の頃には考えられないことだ。課題は、この夢の実現が本土からのポンプ経済で成されてきたことだ。ポンプを外されたら、すぐさま萎んでしまうだろう」とぼくが言い足すと、「そこだよ。沖縄人が自立できない、ということだったら、アメリカの旗の下にいるのがいいという結論になるんじゃないのか」と後ろの誰かが素朴な質問をした。この発言には教授も意外そうな顔をした。そして「いや、今、彼が議論しているのはソブリンティ（主権）ということで、強国に従属するということではない」とぼくを援護したので、勇気をもらったぼくは言った。

「そうだ。日本本土に頼りすぎてもいけない、と言っている。そもそもアメリカの施政下だった50年代から60年代で、本土と大きな格差が生じた。アメリカの下でぼくらは全国より優越していると思っていたんだがね。ふたを開けてみたら、最下位もいい所だった。それでこの振興開発計画さ。おかげで基地経済からは脱却できたけど、この改善は我々の力でつくり出したわけではない」

「そうだろう。沖縄人に何がつくれるのか。車が造れるか？　オーディオ・ビジュアルが造れるか？　メイド・イン・ジャパンは定評があるけど」

「わからない。そのうち技術や資本が定着するのを待つ。高齢化に伴い、本土の退職組の多くの人が観光で来たことのある沖縄に移住して、技術を伝えると、人も会社も育つだろう。何かユニークな製品も造れるようになるかも……」

ぼくの声は小さくなっていた。

通常の時間より早めに始まった卒論特別セミナーは早めに終わった。まだ6時前で明るかった。フードコートに行くと中途半端な時間のせいか客が少ない。ぼくはエビフライのサイドディッシュにマッシュドポテトを多めに盛り、グレービーをたっぷりかけた。ジャガイモ料理は日本食よりやはりアメリカンの方がテイスティだ。

クラスメートが来て、同じテーブルにどすんと座った。にこりともしない。あの猫背で爪をかむ赤毛の男だ。迷彩服の大きな背中を丸めて、黙ってハンバーガーセットを食べ始めた。

「食事をするには中途半端な時間だ」ぼくは話しかけた。

「イエス。みんなまだ働いている。ぼくらのトループも演習に出かけて遅くなるだろう」

「え、だって普通に授業に出てきて、君はその演習には行かないのか」ゴワゴワの迷彩服に厚いブーツはいつフィールドに駆け出してもいい恰好だ。

「ぼくは演習に参加しないでいい許可を持っている」

「え、上司が演習に参加しなくてもよい許可を与えるのか。そんなこともあり得るのか」

「上司というより医者だ」

「あ、具合が悪いのか。無理は禁物だからね」

「サイキアトリストだよ。今週は休むように言われている」

この時点で、今まで気軽に言葉を交わしてきた、このたたき上げの軍曹のような男が気味悪くなった。

「君は確かソブリンティということを言ったよね」男は目も合わせずに訊いてくる。

「ああ、沖縄の主権ね。それは僕ではなくて、教授の使った言葉なんだけど」

「よく言ったもんだ。大国に従属しない小国なんて、存続不可能だ。従属したとしても、どっちを取るかで、もう一方に叩かれるのがオチさ。かわいそうに。君は偉いよ。米国の基地に乗り込んできて沖縄の主権なんてことを言うんだからね」

「そんな大それたことは言っていないよ。自立的発展をめざすというのが僕の言いたいことなんだけど」

「いや、ひどい戦争だった」

「え、どの戦争？」

「パナマだ。中米だ。知ってるかい。ノリエガだよ。ガンガン爆弾が落ちて耳がやられた。頭痛もハンパじゃない」

その時気づいたのだが、目元がひくひくけいれんしている。確かに頭痛もあるようだ。

「知りたいんだろ。俺たちのことが。お前に何が分かる」

初めて僕を直視してそう言ったのだが、赤毛のまつげをしばたたかせる眼はむしろあどけなさすら感じさせて、このずうたいからすると妙にアンバランスだった。

「いや別に、ぼくはただ勉強しに来ているだけで」

「まったくひどいもんだ。こんなとこ。早く学位を取ってとんずらだ。俺は人に尊敬されるようになりたいんだ」

「ああ、お互いにね。頑張ろう。さ、もう行かなきゃ。イクスキューズミー」

こいつは無事に退役できるだろうかと思いつつ、先に食事を終えたぼくはそそくさと席を立った。

11 キャンプシュワブ

琉銀の支店長をしていたG君とか建築士で米留経験のあるY君とか沖銀にいるS君を誘って、級友のヘレンの住んでいるキャンプシュワブに遠出をした。ヘレンはぼくの論文を添削してくれると言い、旦那さんは日本の金融に興味があったからだ。高速道路で許田まで行き、名護湾のコバルトブルーの海に魅せられるのもそこそこに、山道に右折し、東海岸に抜けると、人気の少ない浜辺の海は一面赤土に侵されていた。岬に張り出したキャンプシュワブは何の変哲もない小さな施設で、時代が50年代であっても90年代であっても、変わらぬ佇まいで、妙にぼくの郷愁を誘った。もし50年代や60年代であったなら、この舗装された白い岬は沖縄人にとっては全くの租界で、すてきに見えただろう。一枚の写真のように全てがシンとしている中、遠くに見える大海原の白波だけが、休日にも関わらず、せわしく微動していた。

旦那さんとヘレンは若かりし頃の写真を見せてくれた。

「おお、これは70年代だ。そうか。こんなロングヘアで、ラッパズボンを穿いてたんだ」

「そうだ、ぼくらの青春時代だ。ヒデオもそのころアメリカにいたんだって」

「そう、ロスにいたよ。懐かしいねえ」

ぼくも当時は、ロングヘアに、時にはサングラスまで掛けて粋がっていた。ぼくらの先輩たちは社会に背を向けたヒッピー文化にはまっていたが、彼らに比べると、その次の世代は温厚で、自由を求めていたとしても、体制の中における自由を模索していて、そのことはすなわち、一般人を凌駕し、何らかのプロフェッションを持ち、余裕の中で、自己主張をし、他と画するアイデンティティーを保つことだった。その世代はヤッピー（ヤング・アーバン・プロフェッショナル）と呼ばれた。

ぼくもヘレンの旦那さんもヤッピーにはなれなかったが、しかし、軍属になるとは、思い切り保守派になったものだ。結局リベラル派とは若さのなせる業で、人は年を取ると、どうしても保守的にならざるを得ないのだろうか。我々は経済力と体力が自由の範囲を定めるという法則をかみしめながら大人になるのだろうか。

ぼくはおみやげとして花笠を被り紅型を着、四竹を鳴らし舞う、色鮮やかな琉球人形を携えてきたのだが、なんと居間には三個もの琉球人形と着物姿の日本人形がすでに置かれていた。出されたステーキとポテトチップスにクリームスープは有難いものだったけど、アメリカ人のスタンダードを知らないぼくの友人たちは、もっと手の込んだ料理を期待していたようだった。

　ぼくたちは日本の金融システムについて意見を交換した。預けてもどうしようもないゼロ金利について、外国の金利を享受できない地方銀行の外貨預金について、海外からの送金の受け取りの不自由さについて――。専門の銀行マンを率いて得意になったぼくは、ヘレンと旦那さんに対してDid you consume all your questions?（どうだろう。日本の金融について質問は全て出し尽くしたかな）を乱発していた。この言い方はある教授の言い草を真似たもので、きざだったけれど。旦那さんは、日本の金融はまるでバナナ・リパブリック（南洋諸島の共和国）と変わらないと感想を述べた。

　ヘレンには論文の英語の添削をしてもらっていた。帰りに意気消沈したのは、論文の評価が良くなかったからだ。曰く、事実だけ書いて、批評とその分析が足りないと友人の前で厳しく指摘されてしまったのだ。

12　論文指導官

手紙でやり取りしていた行政の卒業論文指導官が来沖した。テーマである沖縄振興開発計画ＯＰＤＰを彼にどう説明をしようかと思ったのだが、結局、その成果を見せた方が早いと思ったぼくは東村のダムまで連れて行くことにした。しかしぼくの中古のダイハツでは北部までドライブするのは覚束ないし、カッコ悪いので、スポーツカーをレンタルすることにした。そうだ、せっかくのスポーツカーなので女の子も誘おう。

胡屋の第2ゲートでまず教授を拾ったが、あまり若いのでがっかりしてしまった。何の貫禄も、皺ひとつもなく、見るからに世間知らずの、こんな30代ミドルクラスの白人の男がぼくの担当指導官か。

「4車線が普通の、大陸から来た貴方には本当に小さな田舎の2車線道路にしか見えないでしょうが、この高速道路のおかげで、島を縦断することが出来るようになったのです。経済効果は大です」と話しながら、アクセルを軽く踏むだけで、スポーツカーがぐんぐん加速するのに時折気づいてあわてて制限速度に戻した。

高速道路を降り、山道に入っていったが、さあ、どこから曲がるのだったっけ、と広げた地図を見た後、ちょっと持ってて下さい、とその地図を指導官に手渡したのだが、渡し方が少し乱暴だったようで、彼は不快そうな顔をした。

やがて、イタジイの森の奥深く入り込んで、共生するシダの葉が車を撫でるようになった。坂を曲がって登っていった先の視界が開けた。車を出ると、植物たちに息を吹きかけられたような湿った空気に包まれた。青い空を遮っている入道雲が見下ろしている。

「この辺りの森林をやんばると呼んでいます。ほら、これが福地ダムです。ロックフィル方式ですね。沖縄本島のみずがめです。このようなダムが5つもあるんです。ぼくらが子供の時には断水時間があった。その水不足をこれらのダムが解決したのです」

「オー、アイシー」

「このダムは、実はアメリカが造り始めたのを、沖縄の祖国復帰によって日本側が建設を継承したという、いわば日米の協力を象徴しているんです」

「グッド」指導官は、何の感慨も示さなかった。

その後、具志川に戻って、付き合い始めたA子をピックアップした。女の子が乗ると、教授は饒舌になった。ぼくらは那覇に戻り料亭で琉球舞踊を鑑賞したが、A子がアメリカ人に弱く、いちゃいちゃし始めたので、ぼくは指導官に最後までつっけんどんに振舞ってしまった。

13　卒業

「卒業するんだってね。おめでとう」とキャシーが杯を傾けたら、すぐにマーサが割って入った。

「ねえ、ねえ、ヒデオ。さっき何て言ったか、この人たちに言ってみて。ほら私、何パウンド少なくなったって?」

同じ奥様仲間のルーシーが笑いながら聞き耳を立てている。

「ああ、何パウンドって言ったっけ。忘れてしまった」ぼくはあいさつ代わりに適当に述べた減量数を忘れてしまっていた。

「あら、11パウンドって言ったじゃない。それってぴったりだったのよ」

　ぼくがでたらめに言った減量数がまぐれあたりだったのだ。1キロは2・2パウンドだっけ。計算が面倒だ。久しぶりに会うマーサは確かに細くなっていた。狭い所を通れないヒップが慎ましくなって、腰回りにもくびれが出ていた。あなたたちはみんなスリムで、とマーサはいつも日本人を褒めていた。だが、ぼくの躊躇に嬉しい表情が覚めたマーサは西原君に彼の新築の家を褒め始めた。

「モダンでセンスがあるよね」

「彼にそう言ったのよ。すてきなおうちね、と」

「そう、私日本人のお宅に招かれるの初めてだけど、こじんまりして、とっても住みやすそう」

　サンキューと応える西原君はスタンドキッチンでサラダを作っている。大変だね、というぼくに奥さんがすぐに買い物から帰ってくるから大丈夫だと言う。

「ちょっとお家を見せてもらっていい？」とキャシーが聞いた。

　西原君から許可を得て、ぼくらは立ち上がる。廊下に出ると、

「ヒデオは幾つなの？」とキャシーは家には興味がない。

「もうすぐ40だ」

「え、そんな年には見えないよ。まだ30になったかどうかと思っていたわ。日本人は若く見える」

「30はないだろう」

ぼくらは2階に上がった。

新しい建物はペンキの匂いと芳しい木の香りが混じっている。いかにも新婚さんの住居という感じがする。

「それでまだヒデオは独身なんだよね。それって普通？」

「最近では普通かも。ちょっと遅いぐらいかも」

「一人では家は新築しないでしょ。ずっとアパート住まいなのね」

「実家にいる。キャシーはどうなんだい？」

「独身だけど、ちゃんとボーイフレンドがいてよ」

「それはよかったね」ガードしているんだろうとも思いつつ、顔には表さないようにした。

「どんな女の人がタイプなの？」

「おしとやかな人」

「じゃあ、アメリカ人は合わないわね」

「アメリカ人は苦手だ」

「と言うより、軍関係だからじゃないの。沖縄の人は基地が嫌いだから」

ぼくらはベッドルームと子供部屋を覗いて、階段を下りた。

「2年間でちゃんと卒業できるなんてすばらしいわ」とキャシーは他の人に聞こえるように言う。

リビングルームでは、マーサとルーシーが基地の返還地について議論している。

「とにかく返還と言ったって、あの天久の解放地を見てごらんなさい。解放してもう10年にもなるけど、街づくりがぜんぜん進んでないでしょ」

県庁にいる西原君は聞き捨てならじと議論に加わる。

「大勢の地主との交渉とか、合意とかが大変なんだ。土地を企業に手放す人もいれば、持ち続けたままリースすることを選択する人もいる。区画整理とか道路整備で公有に取られたりとか、合意に至るまでの煩雑な作業が多い。とにかく日本では準備を周到にする。いったん着工するとあとは速いよ」

マーサとルーシーは西原君の弁に押された。

「大謝名のこの辺も古い外人住宅だらけだったんです。もうほとんど新しい物件に変わっちゃったんだけどね、まだいくつか残っている。この辺も時代の移り変わりを象徴しているんです」と西原君は付け加えた。

＊

ぼくらは40ドル出して、薄っぺらなスカラーガウンと角帽を買った。まあ一生に一度しか着ないのだから安っぽいものでいいのだろう。基地内大学に関心のある職場のSさん、馴染みの沖縄タイムスのT記者、それにアメリカの大学から帰郷した甥っ子を、基地内大学の卒業式に招待した。この3人をゲートでゲストとして受け付けさせて、基地内に入る。記者のT君は、のっぽの甥っ子を見上げて、そうか、アメリカにいても背が高い方なんだ。羨ましいね、と言っている。皆、見慣れぬ基地の雰囲気に興奮していると言っても、コンクリートの道路とよく手入れされた芝生の間には丈の低いビルディングがぽつぽつと連なっているだけなのだ。

建物と建物との間隔が空いていて、その何もないスペースがいかにも贅沢だ。背の低い建物がそのように幾何学的に広がるのは島人の眼には壮観ですらある。しばらく眺めるうちに、装飾の一切ない建物群は例え破壊されても、その中の機能が移転等によって何とか維持されれば、それ自体の文化的、経済的なダメージは最小限であろうとふと思った。そう思うと、この攻撃の拠点は破壊される拠点であることも前提になっており、キャンプの単純さはすなわちやるかやられるかのいくさの予感を漂わせている。

卒業式は基地内ホテル「ショーグン」の斜め向いにあるコミュニティーホールで行われた。卒業するのは20人ほどか。大学側からはディーンである経済学のコンドノーセス教授他、３人が出席していた。一人一人名前を呼ばれて、証書を受け取ると、角帽についた房を右側から左側へ移行するのである。人生の難関を乗り越えたことの象徴的な行為である。記者のT君は、メモを取り出して卒業式の様子を書き始めたが、「これってニュースバリューはあるのかなあ。今日は皆にとっていい体験だと思ったんで、来てもらったんだが」とぼくが言うと、素直にメモを閉まった。

「せっかくなので、飛行場をぐるっと回るか」

皆はわっと喜び、南の住宅地から大通りに抜けて、緩やかな坂を下り滑走路に向かった。ずいぶん広いね、と建物に遮られない大平原の出現に皆興奮してきた。

建物も何もないということがこんなに素晴らしいものなのだろうか。飛行機が飛び立ちやすいように空を地球に近づけたようだ。途中で他車に出会った時は少し、ひやっとした。試験が終わった時には気晴らしに、いつも飛行場を一周するのだが、友人に「お前、そのうち捕まるよ」と言われたことが、ふっと脳裏を横切った。今日は大学院の卒業式なので、大義名分はあるが、ここでＭＰに止められたら皆の手前、カッコ悪いな、と思いつつ、沖縄の大平原を疾走していた。

＊

ぼくは卒業したことを職場の所長に報告した。

所長は、あ、そ、と言っただけで、ぴんと来ないようだった。東京から来た所長は、基地内大学院といったって、米兵たちと隣り合って暮らす沖縄的な状況下では、さもありなんと思ったのだろう。雇いなおすわけでも、昇進させるわけでもなかった。はあ、国際性を謳うこの職場でも骨折り損のくたびれ儲けか。友人は「日本の会社では、入り際が大事で、途中下車や乗り換えはうまく行かないよ」と言っていた。

県庁から電話が入った。

卒業おめでとう。貴方のことは人材育成財団から聞いた。ぜひ、県庁に来てくれないか、と人事課長が言った。

「でも、契約職員でしょう。うーん。あのう、正規の職員にはなれないのですか」とぼくは思い切って訊いた。

公務員になるには正式な試験を受けなければならない。契約で働くのなら、数年後には捨てられてしまう。ならば、同じ契約なら今のところがいい。

「何とか身分を保証してくれませんか」

「わかった。検討しよう」

しかしその後、電話が入ることはなかった。

友人の新里は2年きっかりで卒業したぼくを讃嘆しながらも、話を聞いてあきれた顔をして言うのだった。「お前、何考えてるんか。本当に頭がいいのか悪いのか分からんねー。公務員になれるわけないじゃないか。アメリカボケして。日本の現実を知らないなあ。みんな契約なんだよ。数年後には首切られるわけさー」そう言われて世間知らずのぼくは恥ずかしくなった。

なるほど、行政マンのパワーはステイング・パワーだと教えられた。政治家は在任寿命が短く不安定だが、官僚の強みは定年までいられることだと。特に日本では役所を辞める者が極端に少なく、転職の動きはない。中枢は動かず、手足は入れ替わる。最近では、その傾向が顕著になっている。

そうだな、今さらお役所勤めなんてできっこないよな。日本のお役所ではやることがマニュアル化されていて、はみ出ずにそつなくこなすことが肝要だ。外国の学問なんて無用の長物だ。学んだことが活かせるはずがない。実際、もう一人の県庁に勤める友人は、選ばれて県費でニューヨーク大学へ留学し、やはり行政学を学んだのだけれど、県庁に復帰した際、あまりにも米国とのやりかたが違うことが目について、その非効率性を批判していたら、周りにつまはじきにされてしまった。

学んだことを活かすには、そうだ、教えることだ。そう考えたが、まだ難関はあった。英語で習ったことを日本語で教えることは、なにか旨味を失った牛汁のようなものだった。全てを日本語に直し、日本流に組み立て直して講義を行う。これは大変なことだ。

大学教授も数人知っていたので、彼らにも卒業を報告した。琉球大学の政治学教授には在学中からぼくが英語で書いた無数の小論文を見せていた。ほう、こんなに書いたのか、と興味を示していたにも関わらず、いざ卒業となって、助手にでも、とお願いすると、空きがなくてねと、言葉を濁された。沖縄国際大学に行くと、学部長に自分のアメリカでの留学時代の苦労話だけを聞かされ、しびれを切らして、いとました。キリスト教短期大学の学長には大学の専攻と大学院の専攻とが違うことを指摘され、一貫して同じ学問をしていないと信用できないとさえ言われた。タイミングが悪かった。大学に入るにはやはり博士号まで取らないと箔がつかないと思った。

「そうか。南城さんがダメなら、ぼくらもダメだ。ぼくらが卒業しても評価されないね」

基地内大学に通う仲間で居酒屋に飲みに行ったとき、西原君は残念そうにそう言って酎ハイを傾けた。

「結局、ちぐはぐなんだよ。人材養成をしたところで、活用する場が少ないんだ。それで人材をつくっては腐らしているんだ。沖縄では」

14
就職面接試験

折しも米国総領事館勤務要員の募集広告が新聞に載った。渡りに船だと思った。牧港から浦添に引っ越した米国総領事館は見るからに手狭だった。長い警棒を握った警察官の一瞥を受け、ねじり巻きの回転ドアをくぐって中に入ると、ビザ取得を申請する旅行者や、各種証明書取得のためのアメリカ人でいっぱいだ。フィリピン人の伴侶の手を握り、大丈夫だよ、きっとアメリカに行けるから、と言っているような若者も多い。カウンターの向こう側にはブッシュ大統領の肖像画が大きくかかっている。

「ハアイ、ヒデオ」呼ばれて振り向くと、屈託のない顔がそこにあった。

「なんだ。ジム。お前も来たのか」

「これはチャンスだと思ってね。もう浦添市とは契約が切れるんだ」

アーカンソー州で日本語を学んでいたジムは、どういう伝手で浦添市のコーディネーターの募集を知ったのか知らないが、市の国際交流課に採用されて3年の任期を終えようとしていた。昨年から基地内大学に通い始めていた。

「ジム、卒業はまだなんだろう?」

「来年だ。でも募集している以上は応募しないとね。仕事がないと沖縄にいられなくなる」

「学校は続けるのか」

「今までと同じさ。学校は夜だから、どこで仕事をしようが続けられるだろう。よっぽどのことが起きない限りね」

「戦争とか」

「ぼくたちは兵隊になるんじゃないからね。ここは国防省じゃない。国務省だ」とジムはきっぱり言う。

「そうだ。国務省は国防省と時々喧嘩するんだよ。考え方が違うんだ。ぼくらの勉強したものは行政だ。国務省は行政マンだよ、人々にサービスする。基地問題なんて関係ないさ」

「でも同じ政府だよ。基本方針は同じじゃないか」とすぐさまジムは自分が言ったことをひっくり返す。

呼ばれてオフィスに先に通されたぼくは、恰幅のよい担当官に行政を学んだ旨を説明し、簡単な例題を渡されて英文タイプを打つように指示された。十分もたたないうちに1ページを打ち終えたのを見た担当官は、もういい、これだけできれば、と笑った。

「総領事にあってほしいが、その前に何か聞きたいことがあるか」

「あの……報酬はどれほどでしょうか」ぼくはリニューマレーションという難しい単語を使っていた。おそらく見栄が働いたのだろう。

「え、報酬？　」

「給与です」

担当官は笑った。

「そんなことを気にする必要はないよ。給与は十分に与えられる。まさか報酬について聞かれるとは思わなかった」

ぼくは2階に通された。

総領事は職員に文書を手渡すところだった。痩身で、こちらを振り向いた鋭い眼光がぼくを見据えた。

「彼は嘉手納基地内のオクラホマ大学で行政学の修士号を取ったんですよ。成績も悪くない」ぼくを領事に紹介した担当官は明らかにぼくを押していた。

総領事はウムとつぶやいた。

「しかもニューヨークのコロンビア大卒で、社会学を専攻していたんです」

「オー、コロンビアでどんなことを勉強したのか」

「パーソナリティー・シオリーと言って、個人のアイデンティティーがどのように社会的ファクターに起因するかというテーマです」

「？」

「もちろん、貧困とか苦労とか愛の欠乏、その逆の余裕とか甘やかしとかの社会的ファクターだけではパーソナリティーは確立できなくって、その基盤には生まれながらの人間性の解釈が幾つかあって、それとのコンビネーションになるのですが」

「？．？．」

「――例えば性欲主義のフロイドとか遺伝主義のユングとか権力主義のアドラーとかが提唱する人間の持つ基本ニーズにコンプレックス充当や傷心等の意識とか経済社会的欲求が加わってですね、個人のいわば、人格が形成される過程を追及した学問です」と答えながら領事と目を合わせたが、明らかに興味がなさそうだった。

「あのー、ぼくの卒論は『草の根のコミュニケーションレベル』と題して、日本人とアメリカ人がどの程度理解しあい交際しているかを調べたものです。さきほど述べた、日本人とアメリカ人のパーソナリティーの差を鑑みてですね。ニューヨークにいた日本のビジネスマン50人、学生50人、ビジネスマンの子供たち50人を対象にして、彼らが、まわりのアメリカ人たちと、どのレベルの接し方をしているかを調べたのです」

「結果はどうだった」これには興味を示した。

「結果はさんたんたるものでした。ビジネスマンが特にひどい。自分の会社にアメリカ人を雇用していても、です。話もしない、というのがほとんどでした。話をしたことはあるが、それは年に数回ある社内ゴルフ大会の時だった、という答えがほとんどでした」

「他に分かったことは？」

「あの、音楽の好みと交際度合いには相関関係があることを突き止めたのです。例えば、クラシックやジャズやロックを好きな日本人はそれだけ英語も得意とし、アメリカ人との交際度合いも広い。かたや、日本的な歌謡曲や演歌を好む者はアメリカ人との交際が苦手です」

総領事は感心していいのかどうか戸惑っていた。ぼくを領事に案内した担当官はしきりに頷いていた。

「社会学だと人心を理解して、よい社会分析ができるのかもしれない。よいバックグラウンドだ」担当官は、すごくぼくを買っていた。

しかし、総領事は優しくなかった。

「何が、君をして、この職場で貢献できると思わせるのか？」

この言い方で空気が一変した。素直に取れば、この言い方は英語では必ずしも無礼ではない。しかし彼の鷲鼻から繰り出されたこの言葉には引っかかった。ぼくは、これまでの自分の払った努力を伝え、それは学業の成果として表れている、自分は沖縄と米国の親善のために役立てる、と述べた。

総領事は重ねて聞いた。

「普天間基地をどこか他に移す案をどう思うか？」

「それは……世界一危険な飛行場と言われているわけですからね、普天間は。どっか別の場所に持って行った方がよい」

「県内でもか」

「県内ですか。うーん。できれば大田知事が言っているように県外へ持っていった方がよい」

領事は担当官と目を合わせた。

「日本の憲法をどう思うか？」

「憲法は今のままでよい。日本は平和を求める国で、軍隊は最小限にとどめていた方がよい」

「日米安保条約で、海外派遣の要請があったとしたらどうする？」

「自衛隊はあくまで国土防衛のためで、海外へ出ていくべきではない」

「沖縄に米軍基地が存在することをどう思うか？」

「私たちの視野を越えた国際政治の複雑な問題で、地域の安定には寄与しているとは思うが、それは必要悪で、沖縄人の立場からすれば、できればない方が良い」
もうそこまで行くと、言葉に力が入った。なるほど米国総領事館で、自分にできることは何もないのかもしれない。間にいた担当官は少し拍子抜けしていた。ぼくが席を立つのも早かったと思う。こういうのをケミストリーが合わないと言うのだろうか。

1週間後、湾岸戦争が勃発した。日本は110億ドルもの資金を提供したが、自分は血を流さないでいいのか、とアメリカに迫られ、日本政府はとうとう自衛隊を初めて海外派遣することに踏み切った。その頃には陸上戦は終結しており、ペルシャ湾での掃海艇による戦後処理ではあったが、ここから翌年1992年の国連平和維持協力法に繋がるのである。

湾岸戦争は1カ月余で終わったが、その前に総領事館から不採用の手紙が届いた。貴殿の今後の検討を祈る、と結んでいた。

ぼくは自分の不運に肩を落としたが、戦場に行った連中に比べるとマシだった。正直言って、ぼくは共に机を並べて勉学に励んだ級友たちのことにあまり関心がなかった。新聞に、この半年で沖縄から約8000人もの兵士がイラクに出陣したと報じられて、そういうものかと知る次第だった。第3海兵遠征軍やその後方支援部隊がその大方だと言う。マリンで授業を受けに来る若者は少ないと思っていたが、普天間基地のあの整備兵たちはヘリコプターに随行したのだろうか。また海軍工兵隊は物資輸送の中心的役割を果たし、キャンプトリイからもグリーンベレーが出陣している。第18航空団を擁する嘉手納基地からはもちろん多くの戦闘機が出撃している。ぼくは礼儀として、また彼らと巧くやっていくために、あえて彼らの所属だとか階級だとか、ミッションについて語ることを避けていた。そのようなことを追及すると、たちまち拒否反応が起こるだろう。厳しい任務の後、私服に着替えて登校する彼らは只の学生であり、ぼくらのつき合いは、この範囲内にとどまっていたので、彼らの動向は知らない。だが、彼らが砂漠の嵐に巻き込まれなかったはずはない。

15　停滞する経済と進化する技術

期を同じくして、日本経済のバブルが崩壊した。1991年3月のことだ。ジャパン・

アズ・ナンバーワンは虚像だったのだ。

好景気に乗って、異常に高騰した土地価格が日本国の資産額を巨大に膨らませて、多くの成金を生んでくると、国民の著しい格差が懸念されて不動産総量規制が施行された。また地価税や固定資産税も強化されたが、それらの政策が効きすぎて、土地価格の下落が止まらない事態が発生した。すると土地価格を担保に融資していた銀行が元を取れなくなった。銀行から融資を受けられなくなった企業が相次いで倒産、巷に失業者が増大した。湾岸危機に次ぐ原油高、公定歩合の引き上げがそれに拍車をかけた。そんな状況下、非正規雇用者でも景気に左右されない政府系の仕事がある分、ラッキーな時代になった。

ぼくは卒業しても、時々思い出したようにクラスを取っていた。米国での博士課程編入の夢もまだ捨て切れなかったのだ。とにかく沖縄で取れる大学院での単位は取れるだけ取ってやれ、という気持ちだった。行政学修士の資格はぼくを名誉あるアメリカ行政学会の会員にはしたが、アメリカと日本の行政制度が違い過ぎて、結局、ここ沖縄では何一つ、つぶしが効かなかった。日本という国の体制は、思ったより頑固で融通が利かなく、先進的ではないと思った。

バブル崩壊後、日本社会は閉塞感に包まれたまま数年が過ぎたが、さらに悪いことが起こった。1995年に阪神淡路大震災が起きて、犠牲者が6000人を上回ったのだ。特に神戸の被害が甚大で、町中の倒壊火災は地獄の惨劇を呈した。直接の被害者のみならず、その周りの多くの人々の日常生活が奪われた。

日本の脆弱な土壌はバブル崩壊後の低迷している日本経済をさらに揺るがしたが、関西から遠く離れたぼくらの職場はと言えば、政府系団体の放漫経営のおかげで、ぼくら非正規職員の賃金に直接的な影響を与えなかった。経済の悪影響をあえて言えば、消費税率が3％から5％に上がったくらいだった。それぐらいの違いにはぼくらは無頓着だった。

そうだ、経済的には停滞していたけれど、世の中は科学技術的にはずいぶん進歩していた。それはアメリカ発の革新によるものだった。大学院を始めたころにはワープロで論文を書いていたのだが、最近はコンピューターのワードで書いている。キャフテリア等で、ラップトップで文章を書いている級友をのぞき込んで、え、マイクロソフト社？ウインドウズ95だって？　文字変換がナチュラルで凄いね、と感心したが、日本サイドでも、すぐにラップトップ型のパソコンが普及した。タイプする字体は、明朝だのゴシックだの楷書だの草書だの無数にあって、好みのままに字体を選べた。数字の処理にはエクセルを使うようになった。

そしていよいよインターネットなるものが登場した。個人のパソコンがどこかのサーバーにつながっていて、さまざまな情報を送ってくる。

「インターネットで何を調べるんだ」

「検索すると、いろんなことを説明してくれるので、もう辞典を引く必要もなく、図書館に足を運ぶ必要もないのさ」

ぼくも試してみたが、構築中とか、該当なしとかがよく出てきて、大したことのないデータバンクだと思った。

とは言え、衰退した自動車産業や電化製品産業に替わるコンピューター産業が登場したおかげでアメリカ経済は着実に回復していた。ニューエコノミーと称し、需要と供給の情報の双方向性により、需要に応じた生産しかせず、過剰な在庫を減らすことができるとする理論が幅を利かせていた。供給過多による景気の後退も起こらず、リストラも減ると。

「アメリカは勝ったんだ。どうだい。やっぱりアメリカは偉大だろう。革新的なことはいつもアメリカから出てくるのさ」級友たちは高い鼻をますます高くした。

その年（1995年）の9月、級友たちの高い鼻をぺしゃんこにする、忌まわしい事件が起きた。本島北部で、3人の米兵に12歳の少女が暴行を加えられたのだった。買い物に出かけた少女が粘着テープで目口をふさがれ、レンタカーに乗せられ、海岸に連れていかれてレイプされた。さらに県民の怒りを買ったのは、個人の罪を凌駕した政治的な制度だった。日米地位協定によれば、容疑者の米兵が米軍基地にいる以上、日本側が容疑者を検察庁に起訴するまでは身柄を引き渡さなくてもいい、とされていた。しかし起訴するには、まず取り調べる必要がある。取り調べは日本の警察で身柄を拘束することなしに、MP護送の容疑者の聞き取りを行う都度、基地内に返すという異例の対応を取らざるを得なかった。この事件は県民の強い反発を招き、地位協定の見直しと基地の縮小を求める県民総決起大会が行われた。

この事件の極めつけは四軍司令官の言葉、「レンタカーを借りる金があれば、女を買えばいいのに」だった。この司令官は更迭された。そして基地外での騒ぎをよそに、基地内はしんと静まり返っている。

16　中年からのマイホーム造り

その翌年、社会通念からするとギリギリセーフでぼくはやっと結婚した。家庭を構えたことで母も安堵していた。母は朝、庭を横切って出勤するぼくを母屋の座敷から微笑んで眺めるようになった。これで母は安心して年を取ることができ、ぼくはやるべきことを果たして、次のステージに駒を進めることができるのだ。

ぼくの家族は大家族主義で、兄を海難事故で失ったぼくたち兄弟姉妹は額を寄せ合って、母の老後を見守ること、兄の子供たちの面倒を見ること、そして母が始めて、二番目の姉に引き継がれた家業ともいうべき舞踊研究所をどのように長続きさせるか等の課題を検討していた。姉の子供は舞踊に進まなかった。そんな折、妻を隣国から迎えるということは、いろいろな意味で我が家に不確実性が増すことに他ならないのだったが、ぼくは停滞した我が家の運が好転するかもしれない可能性に賭けることにした。アメリカの教育を受けたぼくは事もあろうに、あらゆる意味で日米共通のライバルとなる同文同種のよしみに落ち着いたのだ。一方、米中共通して日本と異なる点はまさに大陸的だということだった。

実は妻を娶ることになったのは、日本女性にはない、積極性というものが彼女にあって、求愛の煩わしさを省いてくれたのも一因だったが、その前に母と妻との女どうしの直感に基づく、不思議なコラボによって下地ができていたようだった。僕が管理する他の留学生たちと一緒に何気なく家に遊びに来た、その留学生はブロークンな英語を話していたにもかかわらず、不思議に母の記憶に残り、

「あの娘さんはどうしたかね」と母は何度も訊くのだった。そう訊かれたこともあって、国に戻ったその娘と電話のやり取りを重ねると、ぼくの年も年だし、いよいよ年貢の納め時かと観念したのだった。ぼくはあれほど日本派であったのに、あっさりそう思ったのには、彼女のちょっとした仕草にアメリカン・ハイスクールにいた初恋の日系アメリカ人の面影が覗かれたこともあったのだろう。遠い西安に旅した時、阿倍仲麻呂記念碑の前に立つ娘を写真に収めた後もじっと見つめ続け、彼女がその視線に気づいてはにかんだ瞬間、ああ、この子と結婚するんだなと思ったのだ。

さて結婚してみると、年齢の差、文化、性格、教育、価値観及び躾の違いというものは予想以上に大変なものだった。お互いに話す片言の英語によって相互理解していると

思われたことの底には分厚い氷山が横たわっていた。戦後すぐ建てられたカーラヤー（赤瓦屋根）の小さな我が家で、妻は履物を脱ぐのを忘れて、そのまま土足で廊下を歩いてしまったり、日本語を勉強したとはいえ、電話を取り「お前はどちらさまですか？」と言ったりするほどの文化的なギャップはまだまだ表面的なものだった。経済的には、家賃を払わずに済む実家にいることは大きなメリットだったのだけれど、食費＝生活費と考える等、今まで自活したことのない小娘的な発想を連発する妻には参った。

その反面、天真爛漫で喜怒哀楽を大仰に表に出す妻は、内向的で寡黙なぼくとは対照的だったので、今まで聞かれなかった笑いさざめきが我が家で弾けるようになった。社交的な妻の友人の数はすぐにぼくの友人の数を上回った。

我々は障子で仕切る畳の部屋で愛の巣を作ったのだが、この小さな隙間風が入る家で起きた、共同生活における考え方のギャップについて語るにはいとまがない。ぼくは又、外国生活が長く、他人から見るとバタ臭さもあったとは言え、おそらくはそれがゆえに日本人としての愛国心が強くなり、この古風な赤カーラヤー（瓦屋）に劣らぬ、伝統的な生活を愛する、少し意固地で古風な精神がぼくに宿っていたのが、ぼくらの心理的距離を容易に縮めさせなかったのだろう。もっとも我が家は常に時代を先取りする家風もあって、明治時代に沖縄で初めて袴を着て教壇に立ったのも大叔母だったし、昭和の初期に足を上げて踊ったのも母だったのだが――。

長い独身生活が続き、長く他人と一緒に居ると疲れてすぐに一人になりたがるぼくと、片時も一人きりでは居られない寂しがり屋の妻との珍道中がこうして始まり、すぐに二人の間に女の子ができた。文化にも言葉にも慣れないままに妻の子育てが始まったのだ。生活の知恵が欠けた男と人生経験の乏しい妻の間での危なっかしい子育てだったが、そこは保母だった義姉の助言が補ってくれた。男は家庭を持ってどれほど成熟できるのか覚束ないが、女は家事をし、家族に飯を食わせ、子育てすることで変身するのだ。ぼくはそのように一日一日と変化する妻と子を眺めつつ、ベビーベッドの上で回るメリーゴーランドの奏でるブラームスの子守唄を畳に寝そべって聞いていた。他人から見ると、遅い家庭づくりだったけれど、自分の精神年齢からすると、父親になるのにちょうどよい時期だった。

家庭を構えると、いかに生涯教育が大切だとは言っても、そう勉強ばかりしてもいられない。若い妻は夜、一人机に向かうぼくを怪訝そうに見ていたし、おそらく不満にも思っただろう。「あなた、この子とも一緒にいないと後で、後悔するよ。大きくなってからでは遅いよ」と、子供との添い寝を促した。そう言われたからと言って、共に早く床に就く習慣には変えられない。

寂しがり屋の妻は、ぼくが仕事に出ている日中、娘を抱いて龍潭を散歩し、近くの弁財天堂の芝生に腰を下ろし、観光客から、「かわいい子だね」と声をかけられるのを喜びとしていた。

週日の不在を補うように、ぼくは週末、こちらの公園、あちらの公園と家族を連れて遊び回り、その帰り、ショッピングセンターで食べて食べさせて、遅咲きの家庭生活を満喫していた。これこそぼくが憧れていた中年の過ごし方ではないのか。もう寂しくのれんをくぐる「おひとり様」ではなく、胸を張って子供連れで入店する、晴れ晴れしい「三人様」なのだ。歩けるようになった娘にはすぐに家業である舞踊の稽古を始めさせた。

このような家庭の幸せをより確実なものにするには、何より経済活動に邁進すべきだったが、昇進も転職もなく、ぼくのやれることは限られていたし、とりあえず英語マンとして飯を食っていたので、とにかく英語の本を読み続けることが、プロとしてのレベルを維持し、本領を発揮する最良の手段だと思われた。しかし、いつまでも博士号を目指す書生気分では、家族も困るのかもしれない。

「博士号を持っている大学の非常勤講師なんてザラにいるよ。安月給で、不安定でね」自分がそういう境遇にある独身の友人は笑ってそう言っていた。果たして努力しただけのかいが学問にはあるのだろうか……。

そんなある日、抽象的な学問にエネルギーを注ぐ生活を中断させる出来事が起こった。風邪気味でせき込んでいたぼくが、ポットで沸かした熱湯を冷まして飲もうと、デスクにマグカップを置いた途端、着替えを終えて妻の下から走って来た娘が手を伸ばしてマグカップをひっくり返した。泣き叫ぶ娘を慌てて抱いて台所に行き、顔に水をかけた。幸いに顔は無事だったが、服が熱いことに気づいた妻が、娘のカーディガンのボタンを外すと肌が赤く腫れていた。フランネルの生地は濡れても色が変わらず、熱湯が通り抜けたのが分からなかったのだ。「氷で冷やす?」「いや待て、ますます肌がただれるかも」動転した我々は表に出てタクシーを止め、救急病院へ急いだ。皮膚に損傷があった。ぼくは待合室の壁を蹴った。

生活は一瞬にして暗転した。その後の懸命の介護……妻はそれから1年もの間、患部が盛り上がってケロイドにならないように患部を必死にスポンジで巻いて抑えた。ぼくらの家庭生活の本拠地は病院になった。仕事を終えると、まっさきに妻と娘のいる病院に行く。やけどのあらゆる文献を漁り、最新の治療法を求め、東京の大学病院へも妻子を連れて行った。体の別部分の表皮を増殖し、それを以て患部の表皮を覆うことができると、高名な皮膚科の先生に教わった。しかしその前に、根気よく、地道に患部をスポンジで抑える方法が必須だった。

学問どころではなかった。不用心にデスクに熱湯を置いた自分を責め、また顔にかからなかったことに救われた気もしていた。自分にはもっと生活の知恵が求められていた。もっと育児にも携わるべきだった。だが突拍子もない子供の行動を理解するには絶望的に暗かった。家事の時間を増やした。料理は相変わらずできなかったが、皿洗い、洗濯、掃除はこまめにやった。妻子とも長くいるようにした。煩瑣な家事をこなしていると気が紛れた。妻の懸命な介護のおかげで皮膚は多少変色をしながらも改善していった。「大きくなるにつれ薄くなるからね」と医者は言った。そうして娘の症状が落ち着いたころ、2番目の子が生まれた。

今度は男の子だった。分娩室に通されたぼくは頭の大きな赤黒い赤ちゃんが妻の体内からストンと出てくるのを見た。看護婦からハサミを渡され、へその緒を切るように言われた時は、さすがにたじろいだ。

そうして娘はお姉ちゃんになり、ゆり籠の中にいる弟に愛のキッスを送るのだった。ゆりかごから出て、歩行器に乗るようになっても息子は相撲取りのようにまんまるかったし、蟹股だった。

「どうもぼくに似て踊れそうにないね」と言うと、妻は「バカね。まだ一歳よ。子供は横にも縦にも伸びるからね」と笑うのだった。

子育てには笑いと不安が交互に来る。子供の笑い声の後には妻のそれ以上の笑いがさざめくが、何かあってわっと子供が泣き出す後には、妻の叫び声が耳を突く。息子も自由に動けるようになる頃には、その喜びを表す不意を突く急激な動きでお椀もお皿もひっくり返し、スープを手にかけることもあったし、もっと怖いことに、ガスコンロからはみ出たフライパンの柄を掴んで炒め物を浴びてしまうこともあった。ぼくは娘のやけどの後、子供たちの一挙一動にびくついていた。

車輪のついた歩行器に乗った娘はよく、高い床から玄関にドーンと落ちたものだが、息子はぎりぎりの所でピタッと止まって急展開し、ほうっと感心させた。しかし、風呂場で滑って頭を打つのは息子の方だった。娘はよく流行り風邪やウイルス感染症で熱を出し、息子は熱性けいれんを起こし、夜明けにゼコゼコと喘息を繰り返した。

妻は畳の上に布団を敷いて寝る習慣に慣れていなかったにも拘わらず、夜中、子供の具合が悪いと、足元のもう一人を跨いでスイと移動するのである。これにはハラハラさせられたが、そこは母親として神経の行き届いた名人芸のたぐいだった。

度重なる子供の病気に耐えて看護する妻の背中は実に頼もしかった。保育所や幼稚園でのママ友との交わりの前に、妻は度重なる通院を通して、看護婦さんやお医者さんとのやりとりで日本の社会に溶け込んでいった。

こうして何とか「四人様」になったぼくらの楽しみは週末の外出だった。2人の部下が出来た妻は、どこへ行き何を食べるのかを決め、ぼくは3人の嗜好に従うばかりだった。子供ができると女は強くなるとはまさにそのことである。そしてぼくはぼくの生まれ育ったこのカーラヤーで、当時の思い出を重ねながら子育てをしている事実に満たされていた。

17 専攻換え

仕事に差し支えないように、ちょぼちょぼ非公式にクラスを取っていたぼくだが、もはや行政学で博士号を取るために渡米することは犠牲が多く、しかも心から望んでいる学問でもないので、非現実的だと悟っていた。ぼくは混とんとした時代に合わせて今度は経済を専攻することにした。経済は全く新しい分野ではなく、行政専攻の中でも、いくつかの科目をすでに取っていた。成績も悪くなかったので、再入学をするには遠いオクラホマ大学の了承を得るだけでよかった。大学の証明があれば基地内へのパスのための小難しい身元調査や手続きは必要なかった。学生証を提示してパスの更新を続けた。

通訳の仕事を通して各分野でのプロフェッショナルの仕事ぶりを見ると、やはり今の学力には満足できなかったが、それ以上に、何かもっと実用的なもの―家族への責任を果たすためにも、経済力を担保する能力と資格が求められた。もっとも理論を習ったとて、富めるものではなかったのだが。

経済の理論は興味深くも、やはり抽象的な学問のたぐいで、ファンダメンタルズを勉強したからと言って、実態経済がすぐさま理解できるものではなかった。為替が操作されると貿易赤字はあっという間に黒字に変化し、また政治的事件が商取引に及ぼす影響もどんどん速度を増して、景気の予測は不可能だった。

「ああ、君は二度目じゃないか。この講座を取るのは」

コンドノーセス教授はオクラホマ大学院経済学部の重鎮だ。背が低く、ロイド眼鏡をかけ、その太い眉はギリシャの富豪オナシスを彷彿とさせる。

「先生、おひさしぶりです。以前に行政を専攻した際、その周辺科目として『発展途上国の経済』を取りましたが、今回は経済に専攻を変えたんです。教授に沖縄の経済についてご意見を訊きたいんです」

教授はじろっとぼくを見た。

「ウム、ぼくはこの島の経済についてはよくわからない。何しろ年に数回、訪れるだけだからね」

あっさり肩を透かされたぼくは苦笑いして席に着いた。

すでに「発展途上国の経済」の中身は分かっている。ロストウは経済発展段階説において、第1段階では農産業中心の伝統社会、第2段階では売買経済の離陸先行期、第3

段階では貯蓄率と投資率が急増したテイクオフ、そして工業が主体となる第4段階の成熟期へと移行する説を唱えたが、そんな理論通りに国が発展するものか。

歴史的にそのように発展した少数の、いわば文明を担ってきた国々を除いて、他の多くの後進国はどのような隣国を持つのか、どのように他国から侵略を受けてきたのか、宗主国はどこなのか等、他国から影響を受けて各々の発展度合いはモザイク状を呈する。一番大切なのは国民の行動規範である性格を形作る文化で、ぼくら発展途上国支援をしている者にとっては、それが良くわかる。他国の影響を受けるにせよ、その模倣と自国文化への取り込み、そして応用する感性がそれぞれ違うのだ。

講義が終わり、ぼくは質問をする学生にまじって、コンドノーセス教授に宿舎までのドライバーを申し出たが、不思議に無視された。ぼくはただ、時間を取って、教授の沖縄経済に関する意見が聞きたかったのだ。

教授の眼が再度、クラスを泳いで、「誰か私を送ってくれるか」と訊いたので、私が、としつこく手も声も挙げたが、教授は他に挙手した学生を選んだ。ぼくのことを煩わしく思ったのか、不審に思ったのか、断られてしまったのだ。

「ヘイ、メン、ワッツハプニング？」

ちょっと気が重くなったぼくは、帰りがけ、ニグロ訛りの声に背後から呼びかけられた。ああ、あのアフロルックのジェイムスだ。以前に統計のクラスで一緒だった。ただ今回は、なんと言うんだろう。ハイ&タイトと言ったっけ。耳元から額にかけて剃り上げ、頭のてっぺんだけ、もじゃもじゃになっている分、兵士らしく見える。確かジェイムスは会計士だと言っていたように思ったが、やはり兵士だったのか。

「なんだ、ユーはまだクラスを取っているのか?」

「君こそ、ウォールストリートに行ったんじゃないのかい」

「もう少しだよ。もう少しでやっと実現するんだ。8年に及んだ軍との契約が終わって、晴れてシャバに出れる。資金も十分だ」

「そうか、これからリッチになるんだね」

「そうさ、目指すは金融の王、ゴールドマンサックスだ。規律に縛られて均一を信条とする安月給の世界からはとんずらだ。とびっきりの自由だよ、ぼくが求めているものは。パイロットの連中は空を飛んでいるけど、あんなもの自由じゃない。自由とはもっとパーソナルなものだ。そして自由な人生を謳歌するには、やはり資金だからね」

「まあ、ファイナンスも、かなり厳しい世界だと思うけど」

「自由競争の世界だよ。どれだけ収益を得たかによって報酬もずいぶん変わる。何の縛りもない。才覚だけの勝負だよ。実力の見せどころだ」

相変わらずの饒舌で、つばが飛んできそうだったが、ジェイムスはちょっと思い出したような仕草をして、「ところで実は今、困っているんだ。バイクの業者を知らないか」と分厚い唇を少しとんがらせた。

「俺のオートバイの調子がおかしいんだ。基地周辺の業者がいいな」

そう問われて、ぼくらはメールアドレスを交換した。業者はタウンページですぐに見つかり、彼のメールに業者の住所と見取図、そして電話番号を送った。

18　町へ案内した統計学の教授

統計の試験が終わった土曜日の夕方、教授を首里の町に招待した。まだ40代らしいドクター・ハンザは精力的で、その熱心さから笑わない教授ではあったけど、数学の不得手なぼくに何とか及第点をつけてもらえそうな、微妙な試験の出来にぼくは気分が昂っていた。そして接待という巧妙な親和策に出たのだった。

講義中、ハンザ教授は相撲が分からないと発言したことがある。

「とにかく、体重の重い同士がだね。ぶつかり合って土俵から押し出すのは、あれはスポーツじゃないね。重たい方が勝つに決まっている」

「先生は理解してないんです。力はともかくバランスを取るのに、とても技術のいる競技なんです。一瞬一瞬の駆け引き、押すか引くかが巧妙なんです。それに彼らは只太っているわけではない。皮下は柔軟で強い筋肉に満ちているんです」と反駁して以来、ぼくは教授の目に止まる存在になっていた。

ハンザ教授の趣味は木工家具を作ることだった。

「鉋をかけてサンドペーパーで磨くんだ。そのスベスベの感触は最高だね」

高速道路を降りて首里の町に入ると雨が降った。すごい片降りで、洪水のようになった。龍潭を臨む琉球料理屋、富久屋の前で、先に教授を降ろしたが、水溜りになっていたのか、びちゃっという音がして「ワオ、ここは川だ」と教授は叫んだ。ぼくは近くの自宅に車を止めて、傘を用意し、軒下にたたずむ教授を店に案内したのだが、教授に見せたかった自慢の首里城も、閉ざされて水滴に曇る窓からは見えなかった。

「アイ、ヒデオー。ヒサシブリヤッサーヤー。チューヤ・メジラサヌ。アメリカール・ソーティチー」とカウンターにいる店主が言った。

クーブイリチーやミミガー、そしてピーナッツ豆腐等に、ベリー・インタレスティングと教授は言ったが、本当においしいのかどうかは分からなかった。

泡盛の酔いが回ったハンザ教授はまわりを見渡し、カウンターにいる2人連れの女性客をさしてアーゼイ・アヴェイラブル？（彼女たちを手に入れることが出来るのか）と問うのだった。実際、話しかけようとして、半ば尻を浮かしていた。一見堅物に見えたこの人は、少し暗い店内にすっかり勘違いをしているようだった。ぼくには、この人が、広大な米国中西部の片隅で、たっぷりイージーゴーイングの独身生活に浸りながら、異郷に甘い期待を抱いていることが察せられた。あの、ハリウッド映画に出てくるような、欧米の価値観の届かない、多少の冒険やちょっとした逸脱が許される、エキゾチックな異郷。普段は数字の世界に没頭し、暇なときに家具を作る、オタクな独身生活者の夢。

「あの人たちは、ただの客ですよ。それに中年のおばさんもいいところだ」

雨が小降りになったので、ぼくらは近くの我が家に戻って、車を出した。その際に、窓から顔を出した妻に挨拶させた。

「え、奥さんはこんなに若いのか。道理で、お店にいたあの人たちをおばさんと言ったんだね」

「先生、すみません、家が散らかっていて、中に案内できないの」と詫びる童顔の妻に、「オタクのご主人はぼくを川の中に降ろしたんだ。おかげで足はびしょぬれだよ」と笑って文句を言うのだった。

車に乗り込み、首里を離れると、雨はぴたりと止んだ。

「雨がタイミングよく止む確率はどうでしょう。おそらく百分の一でしょうか」

「いや、雨がタイミング悪く降る確率の方が低いだろう。本当にバッド・ラックだ」と、2人は統計の話に戻って、笑った。

19 中国から来た経済学者

国際経済学のツァイ教授はまだ30代の中国人の教授だった。え、中国って台湾ではなくて中国大陸からですか、と誰かが聞いて、イエスという彼に皆、しらっとなった。大陸って共産国じゃないか。われわれが戦闘訓練に励んでいるのも、この仮想敵国への対応ではないのか。なのにこの若い男は、そこから、のこのこやって来てわれわれのこの嘉手納基地に出入りしている……皆の胸の内がぼくにはわかるような気がした。少し貧相な教授に中国の大衆の面影が重なり、ぼくは同情した。

ツァイ教授を信頼してここへ送りこんだオクラホマ大学のディーン（学部長）たちの寛容さが思い浮かばれた。彼はそうとう優秀なのだろう。中国からアメリカに渡ったのが10年前で、4年目で博士号を取って、助教授になったという彼をぼくは羨ましく思った。だって、ぼくはいったい何年、学校に通っているんだ。なんの埒も開かないではないか。ぼくだって、大学の教授になってもおかしくはないのに。

「ショウグン・インに泊まっているが、ちっとも衛星放送が入らないな。経済ニュースを見ないと落ち着かないんだよ。でも今でも英語に難があって、辞書を手放せないんだ」そういう教授はぼくらに豆テストをさせている間、壁際で眼鏡を上げ下げして、英中辞書を引いていた。

授業が終わると、教授は「誰か、帰りに宿舎のショーグン・インまでぼくを乗せてくれないか」と尋ねた。誰も手を挙げない。

「え、誰も乗せてくれないの？」と絶句した教授に対して、おずおずと2人の手が上がった。一人はぼく、もう一人はクラスで全く発言したことのない太っちょの女の子だった。ぼくたち3人は、クラスから浮いていた。その後、数字と図形で説明する教授の明晰さに皆は舌を巻くようになる。

帰りに結局、ぼくの車に乗ったツァイ教授に、いつオクラホマに帰るかと聞いた。

「土曜日に君らの試験の採点が終わったら、翌日早速帰るよ」

「もし採点を午後、早めに終わったらぼくの住んでいる首里に来ませんか。首里にはお城があって、それが北京の紫禁城に似ているんです。もちろんミニアチュール版ですがね」

「そうだった。沖縄は琉球国だったんだ」

「中国とも上手くいってたんです。冊封使を迎え、中国皇帝に琉球国王を承認させた。中国は琉球に攻め入ることもせず、その主従の関係から琉球は朝貢したが、その返礼の方が経済的に大きかった。留学生も結構行ったし、いろんなことを学んできて、国造りに役立てたんです」

ツァイ教授はとても興味を引かれたようだった。

授業では結構数値を使った経済理論が展開され、グラフが多用された。

「通貨供給量が多くなると、物価が上がるばかりではなく、利率が下がってくる。利率が下がると為替レートが上がる。つまり通貨安になる。この利率と通貨量の反比例図を、X軸の利子をそのままに反転させてY軸を為替レートに置き換えると、ほれ、この通り、ぴったり符合するだろう。為替レートと通貨量の関係を新たな視点で見ることができる」

図表を使った説明は、数学音痴のぼくには難しかったが、表現の面白さを感じさせた。

「ツァイ先生は、どうしてアメリカに渡ったんですか?」帰り、ぼくの車に乗り込んだツァイ教授に尋ねた。

「うん。まあ、普通にぼくらの時代にはアメリカに渡るのが夢だったな。中国の大学で学んだ経済学はマルクス経済学でね。計画経済を徹底的にやらされたんだが、公社に入ってみると、すでに資本主義経済を模索していた。人民は計画経済のもと、調和のとれた発展を享受するはずだったんだが、なかなか貧困から脱せない。効率が悪いんだね」

「この90年代に中国は大きく発展しています。税の恩典で海外企業を誘致し、出来た製品を輸出する。そして外貨を獲得し、インフラを整備する。その間にノウハウもしっかり身に付ける。その点、この沖縄はどうでしょうか。どれほどのノウハウと資金力がついたというのでしょう」

ぼくは模範生のように述べ、沖縄を卑下するのも忘れなかった。中国の発展ぶりはそれほど凄かった。

「ぼくは北京と西安に行ったことがあります。香港にも、経済特区の深圳にも行った。インフラがすごいですよ。日本に比べて、とにかく全てがでっかい。物も豊富にある。特に深圳って何十年前はただの漁村だったそうじゃないですか。現代のミラクルだ」

そう言ってエールを送ったが、教授はさみしそうな横顔を崩さなかった。

「金融公社にやとわれたぼくは、出来たばかりの留学制度にすぐに申請した。戻って来て中国の発展のために尽くすはずだったんだけれど、結局、オクラホマ大学が受け入れてくれたので、そのままアメリカで再就職した」

「そうでしたか。よかったですね」

「中国も目の敵にしていた資本主義を受け入れて、今では近代経済学が学会の主流になっているんだが…」

「帰りたくないんですか」

「今が幸せだと思う。自由に理論を模索できて、ぼくの性に合っている。帰りたいけど、帰ってもなあ」

教授の授業はグラフに次ぐグラフで、確かに数値に裏打ちされた理論を追及しているようだった。イデオロギーとは縁がなかった。ぼくの脳みそはスクランブルされた。結局、ろくすっぽ寝ないで週を過ごし、土曜日の試験を迎えた。カフェインも手伝って、自分が必死の形相になっているのが分かった。

試験を終えるときに、ツァイ教授は後ろの壁際に立っていて、ぼくを待っているようにも思えたが、ぼくはもう疲労困憊していた。答案を書き終わると、さっさと用紙を教授のデスクに置いて、教室を後にした。

コンビニに寄っておにぎりでも食べたら、すぐに家に帰ってベッドにつきたかった。

後頭部がどんよりしている。あ、待てよ。今日、教授は宿舎までどうやって帰るんだろう、と帰りの車の中で思い出し、後ろめたい気持ちになった。約束した、今日の首里城訪問はこんな体調では無理だな。しょうがない、とぼくは割り切った。

20 心理学入門

卒業するには必須科目群のティアⅠ、標準科目群のティアⅡの他に専門科目から外れたティアⅢも数科目取らねばならない。ぼくは心理学入門を取った。レベルはさほど高くなく、大学時代に取ったミクロの社会学に毛が生えたようだったが、若いぼくが本気で取り組んだ、人間の本質に関する、興味の中枢をなす分野だった。

やけにマイノリティーの女性が多い。しかも唇も胸も分厚い肉体派の黒人が多く、わが身がみすぼらしく感じられた。

心理学の祖であるフロイドの基本概念であるイド（本能的エネルギー）、エゴ（自我）、スーパーエゴ（超自我）の心理の三大要素の説明から始まった講義の中で、教授が愛情の位置づけに触れ、実はフロイド理論の特徴は、人間心理の中で他人への愛ってものが存在できないことにある、と述べるに至ると、

「ええーっ」と皆の失望の声が上がった。

「あえて言えば、自己愛の拡大された余剰の部分があって初めて、他への愛と言われるものが可能になる」と、この若い、いかにも実人生経験足らずの教授が述べた時、初めて心理学を取る連中、特に若い女性たちはまるで新しい知識を手に入れたように、豊満な肉体を机から浮かして、はしゃいだ。ＯＤＡ事業に従事していたぼくにはわかる。あんな、はしゃぎぶりを見せる彼女たちはおそらくカリブ海出身だ。情熱的な黒い瞳からすると、インド系が混じっているかもしれない。彼女たちの情熱は、他の若者たちに飛び火し、それに呼応するかのように、教授は熱弁を振るった。

ぼくの小論には、少し遊び心もあったが、国籍を問わぬ精神性に関するテーマを選んだ。さまざまな地域文化、イデオロギー、宗教があるが、どこに属していようが、精神性の高い人々と低い人々がいる。欧米人であろうが、中近東人であろうが、東洋人であろうが、精神性の高い人たちはそれぞれのグループに属し、下の人たちはそれなりのグ

ループにいる。X軸を民族、もしくは国籍だとして、Y軸を精神性の高さだとするならば、精神性の高い人々はそれぞれの高い山の頂におり、他の地域と飛び飛びに繋がっている。もし宗教が言うように天国と地獄というものがあれば、そしてもし、精神が物理的存在を離脱することがあれば、彼らは国籍、民族によらず天高く昇る人たちである。もちろん、地獄に落ちたルシファーと言う偉大な精神を持った堕天使の類も居はするのだが。

これはとりとめのない、無邪気な考えだったが、なぜかぼくの脳裏を占めていた。この世を越えて魂のドラマは延々と展開するのか、がぼくにとっての相も変わらぬテーマだ。

21 級友の家族と

キャフテリアでキャシーに会った。

「あらヒデオ、久しぶりね。まだ学校に来てたの?」

「もう一つ学位を取ろうと思ってね。経済を勉強してたんだ。そろそろ終わりだがね。あれは何年前になるんだろう。もう子供もいるんだよ」

「そう、私もよ」キャシーはあれから結婚してご主人についてオクラホマに戻り、共に再来沖したそうだ。

統計のクラスで一緒だったキャシーは、数年会わないうちに実に恰幅のよい中年夫人になっていた。ぼくらは、互いの家族を連れてどこかへ遊びに行こうという話になった。その週末は、妻は仕事で来られなかったが、ぼくは息子を連れて行った。キャシーは旦那さんと女の子を連れてきた。典型的な中流の白人家庭という雰囲気だった。日本食をごちそうしようと、米国総領事館近くの和風亭で会ったのだが、ご主人と娘のベティは、刺身や煮魚をイッツ・フィッシュイといって手を付けない。それで、てんぷらを追加注文したのだけれど、相も変わらぬ内陸部の人間の食生活にはがっかりする。これがサンフランシスコやニューヨークの沿岸インテリだったら、寿司や刺身はもはや常食なのだ。

言葉数が少なく、あまり愛想のない、いかにもワスプと云った旦那さんに、

「ぼくはこの前、君たちの大統領を見たんだよ」と言うと、びっくりした顔をした。

2000年に沖縄でサミットがあり、ガリオア・フルブライト沖縄同窓会と沖縄アメリ

カ協会のメンバーであるわれわれは多くの要人に交じって、摩文仁の平和の礎でビル・クリントン大統領を迎えたのだ。

「とにかく暑い日だったが、クリントンは律儀にダークスーツを着込んでね。顔が真っ赤だった。われわれは楽に、かりゆしウエアを羽織っているんだのに、クリントンはかわいそうだった」

「そうだね。彼の皮膚は薄くて、紫外線にもろに反応するんだ」

と言う旦那さんは、ぼくが大統領をまじかに見たことを意外に思ったようだったが、それほど感心した風でもなかった。ぼくがユア・プレジデントと言ったことにこだわりを感じているようにも見えた。

「彼はクリントン・ヘイターなの」

「はあ？」

「おい、よせ。日本人に分かるはずがない」

旦那さんはキャシーを遮った。

「いや、わかるよ。不倫スキャンダルの件だろ。下ネタは英雄の常だが、それはさておき、クリントンの経済政策は素晴らしいよ。授業で習ったんだ。国防費を削減し、増税して財政赤字を処理したんだよね。そして重工業からＩＴや金融にアメリカ経済をシフトさせて現代化させたんだ」

「国防費を削減したのは、われわれの生活にもインパクトを与えた。ま、それは君には関係ない話だ。と、とにかく大統領は倫理的であるべきだ。不倫はいけない。他の場所ならいざしらず、ホワイトハウスの書斎で起こした不倫だ。聖地を汚したんだ。モニカ・ルインスキーとの不倫だけではない。他にも胡散臭いことの多い大統領だ」

「ふうん。クリントンは嘉手納にも来ただろう」

「われわれは飛行場で行われた歓迎式には行かなかった」

子供たちの前で、少し気まずくなった。父親の語気が荒くなったので、小学校に上がったか上がらないかのベティがきょとんとしている。

「それにわれわれは共和党だ」

あ、なるほど。軍関係者は共和党支持が多く、なおかつ彼らは共和党の支持基盤である中東部から出てきたのだ。せっかくの刺身もフィッシュイという程に保守的だ。キャシーはもっとリベラルだと思っていたが、保守的な旦那と一緒になったのか。

「そうだ。昔、アイゼンハワー大統領が来沖したこともあったよ」

「アイゼンハワーはわれわれの英雄よ。だけど、ずいぶん昔の大統領ね。ヒデオは若く見えるけど、いったい幾つなの」

「まあまあ。子供だったんで、アイゼンハワーって誰？と父に訊いたら、とても特別な人だと答えたんだ。特別な人とはなにか火星人みたいな人かと思っていた。思った通りだったよ。アイゼンハワーはやっぱり火星人のように真っ赤な顔をしていた」

食事が終わって、近くのサンエーに入ると、あれこれスイートやせんべいを持ってきて、ママ、アイ・ワント・ディスと言うベティに、ハニー、ビーケアフル。ディス・イズ・ナット100円ショップ、と釘を刺すキャシーの言いざまから彼らの生活が見えた。

ぼくが近づくと、
キャシーは、

「奥さんはどんな人？」と訊いてきた。

「若いよ」

「まあ、長い間、待ってたかいがあったのね。日本人よね？」

「いや違う」

「なんだ。おしとやかな日本人じゃないの？」

「ちょっと違ったんだ。相手が積極的じゃないと、きっとぼくは一生結婚できなかったんだ」

その後、浦添公園の遊具場に行こうと誘ったが、ああ、あそこか、とがっかりしたようだった。彼らは、結構民間を遊びまわっていて、どこに何があるのかだいたい把握しているようだった。

公園では親は子供たちが危なくないように、一緒に遊具に揺られたり、ジャングルジムに登ったり、スロープを滑ったりしていた。少し大きい子供たちは辺りを駆けずり回り、親の手から逃れようとしていた。

ベティがぼくの幼い息子を抱き上げて、ブランコに乗っけようとした。「あ、危ないよ。足が折れるよ」とぼくは思わず叫んだ。八歳のベティの足は細く長くて、息子は幼児と言えども、まん丸く、骨太の体格をしていたからだ。

この公園を、ぼくらは、お尻イタイイタイ公園と呼んでいた。目玉の一つである、長く曲線を描いた滑り台の床がローラーで出来ていて、滑ると、もろに尾骶骨を擦るからだ。ぼくらはそこらで段ボールを拾って尻に敷いて滑った。

22　ＩＴバブルの崩壊

生活が育児中心になって以来、学問をする根気を失いつつあった。ぼくが沖縄の人材である時期は、もうすぐ賞味期限を過ぎるだろう。博士号を取りに米国に渡る夢も独身の時のものだった。

経済学の修士号は目前だったが、卒業しても誰も見向きもしないだろうし、ぼくの方からも再就職のＰＲをしないだろう。老いた母を置き、家族を連れてこの島を出る気もなかった。

経済の知識が何の役に立ったかって？　経済音痴を少しは克服できたという達成感。哲学や倫理に重きを置きすぎ、生産性という点でバランスを欠いた人生観の是正。家庭人としてのさらなる責任がこの知識で全うされるべきだったが、皮肉な事に今のところ、少額の株への投資、外貨預金にしか知識の活用の途がなかった。そんなに難解な学力を要したわけではなかったが、理屈や動向が分かったので、少しは儲けた。

アメリカではウインドウズ98、続いてＸＰとインターネットへの接続が主流となり、第二のビルゲイツを目指す若い起業家たちが続出していた。ＦＲＢ（連邦準備銀行）の主導による低利子が、若者たちに対する銀行ローンを可能にしていた。そうしてドットコムと呼ばれる会社が乱立された。この、夢見る若者たちの不思議な発想や言葉に戸惑いながらも、大人の銀行マンたちは先行投資だと信じ、融資し続けた。なぜならニューエコノミーと称する、学問の府による学術理論的なお墨付きがなされていたからだ。衰退する自動車産業や電化製品産業に代わる救世主として、インターネット産業が着実に成長していたのだった。一方通行のテレビとは違い、消費者と生産者との双方向性によって、需要と供給がマッチする効率的な経済システムが軌道に乗りつつあった。投資家の数も投資の量も増え、ダウ平均株はニューエコノミー以前の2倍以上に、ナスダック株は3倍にも膨らんでいた。

ぼくも株は日本株ではなくて、アメリカ株から買った。その方が分かりやすかった。なけなしの金を集めてマイクロソフトやインテル、コンパック、オラクル、マーキュリー、エーオーエル・タイム・ワーナーなどの株を買った。特に新参のエーオーエル社が、あの伝統的な活字印刷・映画会社の雄、タイム・ワーナーを買収するなんて、これはやっぱり時代が変化している確かな証拠だと思われた。

ところが２００１年になってＩＴバブルは急速に萎み始めた。奇しくもぼくは卒論で十年前の日本のバブル崩壊を書き上げたばかりだった。ＩＴバブル萎縮の第一段階はまず製造業の過剰生産だとされる。一時期飛ぶように売れたパソコンも飽和状態に達し、在庫を抱えた工場が行き詰まった。需要と供給がマッチするはずのニューエコノミー論が足元で崩れたのだ。ドットコムの高すぎる株価も先行きの期待感からなるもので、何ら実績を評価されたものではなく、あまりにも多くの不確実性を抱えていた。しだいに熱狂から覚めた投資家たちは警戒心を抱くようになった。不信の連鎖反応の加速は恐るべきものだった。資金の先細った無数の、無邪気に波に乗ろうとしたドットコム社は次々と倒産していった。

事もあろうにその秋の晴れた日、世界貿易センターが同時多発テロによって破壊された。旅客機が高層ビルに横殴りに突入し、しばらく経ってビルは階から階へと次々にまっすぐ地上へと押しつぶされて砕けるのだった。テレビのチャンネルを捻るとすぐ出てきたこのシーンは、二流映画のドラマかと勘違いされる程虚構じみていた。世界の秩序が崩壊する一瞬だった。

テロの追い打ちで、株価はどん底に落ちた。なけなしの金で投資して儲けた分どころか、元金も吹っ飛んだ。投資したエーオーエル社は倒産を免れたものの、規模が大幅に縮小されて、逆にタイム・ワーナー社の一部門になる始末だった。兵（つわもの）どもの夢の跡だった。経済のみならず社会は混乱した。世界は21世紀という何が起こるか分からない時代に突入したのだ。そしてアフガニスタン紛争が始まり、嘉手納基地にもピリピリした空気が漂い始めた。

そろそろ別の事をすべきだった。古くなった我が家もリフォームしなきゃなあ。仕事にも、もっと精出さなきゃ。基地内に出入りし始めたのは、10年も前のことだ。学問なんて終わりのない旅だ。家族を持つ者はリアルエコノミーの責任を果たさねばならない。幸いマイクロソフトやシスコシステムズの持ち株は生き残っている。ああ、苦手な数字の世界。

顔を擦ってベッドに寝転がると、向かい側の壁にピンで止めた絵葉書が目に留まった。カラフルな南国の絵で、サンシャイン・カリフォルニアがまぶしい。ロスにいたころ、短大からカリフォルニア大学サンタバーバラキャンパスに編入した友人を訪ねて行った、海沿いのしゃれた街、サンタバーバラ。この葉書は行政のクラスにいた友人からのものだった。もう何年前になるのだろうか。ピンを抜き取り、埃を払い、裏返す。小さく読みにくいが、端正な筆記体だ。

「除隊後、サンタバーバラの市役所で働いている。ヤシの木が茂って、近くに海が見える。最高だよ。沖縄ほど湿っていないが、太陽の輝きといい同じ南国だ。行政学の学位を取って良かった。いろんな部署についても結構やっていけるし、出世の道が開かれている。何より、ぼくは市民のために働いている」

……いいなあ、学んだことが活かせて。やっぱり日本とは公務員制度が違うんだ。

再びベッドにゴロっとなったぼくは天井を見つめながら、待てよ、あいつ、ジェイムスはどうなったんだろう、とニューヨークに行ったもう一人の友人のことを思い出して、起き上がり、メールを検索した。ウォール街にいてめちゃ忙しいだろうし、そんなに親しかったわけでもなかったが、多弁なあいつは返事をよこすだろう。とにかく自由市場の信奉者で、論争を吹っかけてくるようなところは、厳格なミリタリー生活の反動だったのだろう。

メールを送ると、果たして数日後に返事が来た。

「憧れのウォールストリートは怒号と嬌笑が飛び交うキャバレーのようだ。全くクレージーだ。違う価値観に、自分が見えなくなった。扱う額も単位が違って、フワフワ空に浮かんでいるようだ。数字に慣れる努力もしたが、物事の進むスピードにはついて行けなかった。皆、めっちゃ計算が早くて、おれがぐずぐずしている間に株価は下落。慌てて売ったら、急上昇。人に託されたファンドだよ。帰るとバタンキュー。体の調子がおかしくなってしまった。寝ててもね、スクリーン上の折れ線グラフの突端が脳天に突き刺さるんだ。そこへ、あのＩＴバブルだ。辞めちゃったよ。やっていられない。あれは少数の選ばれし計算家たちの命を懸けた、お遊びのゲームだ。

バム！グワーン。貿易センターが多発テロでぶっ壊されたのにはおったまげた。おれはすでにウォールストリートにはいなかったが、ニューヨーク全体が崩壊したと思ったよ。戦場を避けてきたつもりが戦場に来てしまったんだ。

まあ、まだニューヨークにはいるがね。これからどうしようか迷っている。幸い懐は温かいからカリフォルニアにでも行こうかな。バーで飲み飽きたら、適当にナンパしたり、ストリップ見たり、ラジオシティでカンカンダンスを見たりして、心のバランスを図っている」

……さもありなん、と思った。しかし、まだいいほうかも。そのまま軍隊に残ってキャリアアップを夢見ていた他の連中はどうなったんだろう。戦場に行ったのかもしれない。経済のクラスには時として、屈強な若者が減り、ディペンデント（家族）である女性や、事務系や、中高年だけが出席していた。転勤もあるだろうが、隣に座っている若者が戦争にいく軍人だと言うことは夜間学校の蛍光灯に共に照らされている間、すっかり忘れていた。実際、ぼくは彼らの運命に無関心だった。湾岸戦争後、ぼくの知らないところでの紛争は絶えずあり、おそらく彼らの多くは修羅場に派遣されるに違いない。あるいはそこで散ったかも。なんせ、それが彼らの仕事だから。そして同時多発テロ以降、アメリカはいよいよ爪を研ぎ、基地はきな臭くなり、近いうちに大きな異変が予感される。

23

赤い城と白い基地

息子の手を取って、首里城に向かった。当蔵大通りから芸大脇に入り、現代的な芸大図書館と花ブロック塀の本館との間を抜けると、クリーム色の砂利を固めた、ハンタン山のうふどぅーい（大通り）が道幅を増し、両脇の円覚寺の敷地と弁財天堂のある円鑑池が数メートル低くなるので大空が豁然と開ける。その先には北面に聳える城壁を翼のように広げた久慶門が立ちはだかっている。櫓を頂いた久慶門の階段は裾をなだらかなヒンプンで隠しながら左右に分かれ、頭上は瑞泉門と横向きの漏刻門とが重なり合って威風堂々とし、寸時にして中国の古都に舞い降りたようである。

数本の赤木に隠れた手前の円覚寺門の前ではウガンサー（拝み人）が早口で祝詞を唱えていた。その祈祷が敬語に満ちた由緒正しい琉球語であることに気づき、足を止めた。古語はまだ生きている。使える人がまだいるんだ。門に向かって両手を合わせて上下させ、懸命に話しかけている。琉球の時代はまだ終わっていない。

祈祷が終わる前に、待ちきれない息子はぼくの手を振り切って走って行き、円鑑池沿いの茂みの前で興味を示しながらも、奥へ入るのを躊躇していた。そこはハスやシダやバショウが足元を覆い、赤木やガジュマルが高く空に覆いかぶさる熱帯樹林だ。足を踏み入れると、むっとした熱気がぼくらを別世界に誘った。赤木には無数のツタが這い、それをさらに別の葉が追いかけて意匠を施していた。ある赤木の枝分かれする股間には、ひだのある葉を羽冠状に広げたオオタニワタリがキジムナーのようにちゃっかり腰を下ろしている。

叢の奥には断層のように筋を引いた分厚いコンクリがむき出しになった壕がある。その地層が割れて少し開いた穴は簡易な格子で塞がれている。旧第32軍合同無線……と書かれた、半ば腐った木片が誰にも盗まれずにある。道の向こう側にもトーチカがあり、陸軍第32軍司令部壕と明記した案内板がある。赤木やガジュマルの枝葉とツタが競い合って、コンクリートの鋭角を隠そうとしている。ぼくらが子供の頃入れた壕内は鉄格子で塞がれている。中で落盤があったそうだ。ここに来ると、勝負にならないほどアメリカにこっぴどくやられた日本の敗戦をつくづく感ずる。米軍基地は勝者のあかしなのだ。

城は真新しく豪華である。観光客に交じって、歓会門から踏面が広く盛り上がった階段をよいしょ、よいしょと上って瑞泉門と漏刻門を抜けると、下ウナーに通ずる広福門前の高台にたどり着く。青空がさらに広がったそこで一息つく。大方を緑に包まれた首里の北方（ニシカタ）と牧港方面、そして末吉の杜に遮られながらも浦添方面が広がり、さらに遠くには海を隔てて残波岬が眺望される。人々の日常生活がその景色の下で営まれている。

「ほら、あそこ、岬の先っちょに光っている四角い建物がある。見えるだろう。みんなで行ったよね、残波ロイヤルホテル」遠くが見えるように、息子を抱きかかえて指差す。

「ウオッ、すごい、すごい」と、目は見定まらずとも、垣根を越えて広がった市街と東シナ海の視界に息子はご満悦だ。

尾根で隠されて見えないが、残波岬の付け根にはアスファルトの平たい滑走路の上で銀色に光る戦闘機が離着陸する嘉手納基地がある。あの平滑な白い基地とこの深紅の山城とがこの島に共にあることが不思議に思える。この城の主だって、かつては南島と南海の覇者だったのだ。この石垣には武者とてよじ登れない。それが沖縄戦で微塵に破壊されて以来、この島には太平洋の覇者が君臨している。

「確かこの辺だった」

戦後すぐに（おそらくは米軍によって）撮られた首里の写真は首里城から北方（ニシカタ）を見下ろしていて、遠方には龍潭を石垣で縁取った当蔵大通りが南北に走っていた。池は右手に細ぼって旧師範学校の脇を通り、さらに中ほどの丸い円鑑池まで見えるのは、それを遮る緑の木々がないためである。辛うじて残った木々の枝と幹は焼け焦げてワイヤーのように空を突き刺して、無念さを天に訴えていた。手前には半ば崩れ落ちた石垣群がこの丘が瓦解しないように、やはり焦げた木の根の広がりに支えられて、踏ん張っていた。

現在の高台からの眺望は濃淡重なる緑にこんもり覆われて、池も道路も見えない。

「王様はどこにいるの？」

「王様はもういないよ。さ、帰ろう」

ぼくらは他の観光客のように正殿には入らず、広福門と北殿の深紅の壁と甍を見ただけで満足して、跨ぐように石段を降り、引き返した。

1992年に、この赤い城は復元されたが政（まつりごと）はない。2000年の沖縄サミットの宴会場として一瞬の脚光を浴びただけである。そして、このまつりごとのない城はのちに不可解な災禍によって消滅し、歴史を偲ぶ存在としてすら許されなくなるのだった。かたやこの島には永劫の軍事基地があり、地球の裏側の白亜館から政（まつりごと）の命を受けてただちに出撃する戦闘機の態勢が二四時間整っている。変わるのは基地に反対する住民の世代と、そんなことにお構いなしに赴任する軍人の世代だけだ。人々は変わり、システムは変わらない。そして世界の緊張は、つまり基地の需要はますます高まっていく。ぼくらは戦争を知らないが、常に戦争の予感と共に生活している。

そうだ。米軍基地の平和利用だった。そのためにぼくは基地内に入り勉強を続けてきた。でも誰の役に立っただろう。自己満足になっただけで、ぼくの学問は何の広がりもなく、沖縄のためになったとは言えない。県も学生を募集して送り出したはいいが、卒業後、県の国際化のためにどう活用するか考えている様子はない。

昔、ウイーン少年合唱団が嘉手納に来た。迎えるコンサートホールが沖縄にはなかったので、彼らは格納庫で歌った。広い屋内に響き渡るその天使の歌声は星のように煌めき、しばらく、ぼくの耳を離れなかった。あの夜、確かに芸術の都ウイーンと軍事基地嘉手納がつながったのだ。

基地に一歩足を踏み入れると鼻を掠める、清潔さを保つ次亜塩素酸に異国の甘さが加味されているのは文化の香りであり、基地のどこかで時空を超えて遥か彼方の文明の地につながっているようにぼくには思いなされた。

中学のころ、エルビス・プレスリーの映画が嘉手納で封切られた。知り合いの米人家族に招待された先輩の女子高校生がエルビスの甘い声としなやかな体の動きを、ポップコーン弾ける映画館内の様子と併せて、興奮してぼくに伝えた。それから1年たってぼくはその映画をやっと那覇のグランドオリオンで観ることができた。総天然色のハリウッド映画は地上の楽園にぼくを誘った。あんな世界が海を越えればあるんだ。

高校生になった頃、ビートルズの映画も嘉手納で封切られた。配給元が違ったのか、待っても、待ってもビートルズの映画は那覇の映画館では上映されなかった。同じように基地内でビートルズを見たその先輩は映画を観た後、なぜかすぐにビートルズ熱が覚めてしまったようだった。ぼくは最先端の西洋文化に接する機会を逃したものだと思っていたが、後になって観ると何か厭戦的な雰囲気が醸し出されていた。

思い出した。ぼくら首里高校の予餞会も基地のお世話になったのだ。予餞会とは3年生とのお別れ会のようのものだったが、どこから聞き及んだのか、生徒会の役員だったぼくは野外ステージを基地から借りられることを知り、嘉手納基地に電話を入れた。基地に電話を入れるのもかなり勇気が要ったと思うが、勇気の持ち合わせも自分らしくなかったし、かけたはいいが、交換手から誰にどのように繋がれたのかも、まったく覚えていない。覚えているのは、その日は雨で、下校したぼくはレインコートを着たまま、電話をかけ、予想以上の応答にほっとして、しばらく居間で着替えずにテーブルの上に雫を垂らしていたことだ。

予餞会の前日、僕は指定された昼食時間に予餞会担当の先生と2人してグラウンドで待っていた。

「来るかな」予餞会担当の先生は半信半疑だった。

「そう言ってました」

午後12時半ごろ、首里高校の裏通り、玉陵《たまうどぅん》と裏門の間に大きな軍用トラックが止まった。そして5、6人ほどの兵隊たちが現れ、白い木枠のステージのパーツが一つ一つ降ろされ、グラウンドに運ばれた。けっこう大きく立派なものだった。

「ウェア・ドーウィー・プット・ザ・ステージ?」と工作員が聞き、

「アラウンド・ヒア」と指示するぼくに、級友たちが「おい、ヒデオ、凄いな」と称賛の目でぼくを見る一方、半信半疑でいた先生はただ目を丸くして、たくましい工作員たちが慣れた手つきで野外ステージを組み立てるのを見ていた。

「サンキュー」「ユーベット」

工兵たちは手を振って立ち去った。言葉を交わしたのはほんの一瞬のことだが、ぼくは彼らを指示して作業を終えさせたとする優越感に浸っていた。放課後のグラウンドには生徒たちが白塗りの野外ステージを取り囲むように集まった。ステージに立ち上がって、はや演目のリハーサルまがいの動作をする連中もいた。

「おい、汚すなよ」ぼくは声を張り上げた。

合唱やら、ブラスバンドやら、流行りのグループサウンドやら、コントやらお芝居やら、金曜日の夜に行われた予餞会は最高の出来だった。恥ずかしながら異性の手を握る、締めのフォークダンスはぼくらの青春の大団円だった。さすが文化の首里だね、と覗きに来た他校生からも言われ、ぼくは興奮冷めやらぬ週末を過ごし、野外ステージを回収しに来た月曜日には、休み時間に急いで、工兵への挨拶とそれへの別れを告げに行ったが、すでに回収されてグラウンドはがらんとしていた。

……いずれにせよ、そんなものだった。基地の平和利用なんて。嘉手納カーニバルのように、ほほえましくはあるが、それ以上の何があるのだろうか。ぼくは生まれた時からあった基地を、行ったこともない世界のさまざまな生活へつながる窓として見ていたのに、実際は世界のどこかの社会の破壊、生活の破綻に関与し、負の出来事を象徴していた。

＊

自由気ままな基地内通学も、カルチャースクールに通うように、もはや趣味の段階だった。県のバックアップもなくなり、だらだらと学校に通い続けたぼくに、パスセクションのスタッフも黙ってパスを渡し続けた。だが、そんな南国の長閑な話も、このまま続けるのが難しい時代に突入していた。あの唇のてらてら分厚い黒人のガードも、どこへ行ってしまったのか。今では、訝しげにぼくを見る同胞のウチナーンチュが基地のゲートを固めている。後になって振り返ると、イラク戦争が始まるその前夜だったのだが、二度目の学位をとるや否や、ぼくはこの永遠にある軍事基地に、個人的な興味をたちまち失った。

あとがき

独身中年の夜の過ごし方としては仲間と飲みに行ったり、軽い気持ちで異性を求めたり、オタクよろしく趣味に没頭したり、あるいはその逆に出世街道を突っ走り、仕事にのめり込んだりするのが一般的かと思うが、私の場合は学校に戻ることだった。それほど、なにかやり残したという気持ちが強かったのである。そうして戻った学校は基地内にあって、駅前留学ではないが、沖縄で生活を続け、働きながらにして留学できるというメリットがあった。

さて入学してみると、級友たちはさすが軍人でとっつきにくく、米国本土のオープンでのんびりした学生たちとは、背負っているものの重みが違った。彼らは現状には飽き足らず、さらに次のステップを目指して、真摯に人生を再構築しようと努めていた。沖縄で報道される軍人たちは、はみ出し者だというイメージが強いが、日中のハードな訓練をこなした彼らが、一部にせよ、夜はまじめに学習に勤しんでいる姿を、そして米国がその努力を報う社会であることを読者に紹介したかった。

軍事の場を生きる彼らの精神面から見ると、学問の場という対比的な世界にまたがることでそのバランスが取れているようだった。やり残したことをやるという点においてはぼくにも共感できた。

と同時にこちら側の事情としては平成という時代も描きたかった。長く波乱万丈だった昭和が終わり、冷戦が終わり、何か新しい世になるという期待感があったが、バブルの崩壊を始め、非正規雇用の拡大等、小市民にとっては経済的にも社会的にも不安定で、夢を持ちにくい時代になった。世界的にも湾岸戦争からイラク戦争に至り、その間、テロの脅威も増大し、各地で紛争も絶えず、沖縄の基地はますます重たい存在となった。

基地は戦さを予感させる場所で、身近にいる我々ウチナーンチュは生まれてこの方、ずっと戦さの予感に慄いてきたわけだが、この70余年、戦さを直接体験することはなかった。基地被害を除けば、戦さのない幸せな生活を送ってきたはずなのに、体験せずに予感の波長だけが高く振れるのはいかにも慢性的な神経痛が持続するようで、特に隣国中国の台頭によって、恐怖指数の振れ幅が大きくなってきた。ウチナーンチュの感覚としては、我々はまたもや挟まれてしまった、のである。

そして、あらぬところから降ってわいた、ロシアのウクライナ侵攻もつとに2年を経過した。その戦闘状況も通信技術の進歩によるユーチューブの配信で、ほとんどリアルに戦闘の状況を窺うことができる（プロパガンダやフェイクニュースの臭いも嗅ぎ分けられるようになった）。遠方の戦争もついに身近なものになった。さらに、ご存じの方もおられると思うが、息子がロシアのバレエ団にいるので、加害国にいても戦争の影響が懸念されるのだ。被弾するウクライナではなく、広いロシアなので心配は少ない方だが、それでも経済制裁によって生活に影響がある点や、敵性国人とみなされ不快な思いをする恐れがある点までは個人的な事情だとしても、ロシア国内においてもコンサートホールをターゲットにしたテロ行為が行われ、一般市民や芸術家が死傷する事態に至る社会不安の広がりは他人事ではない。

なかんずく、ロシアの若者が戦争に駆り出される様子は、やはり人として痛みを感ずる。ロシアでは18歳から27歳の間に一年間の徴兵制があり、バレエ団の若者とて「徴兵に行った？」「ぼくはもう行ってきたよ」が会話に上るらしい。

苦戦を強いられるロシアでは学徒出陣だってあり得る。5月9日の戦勝パレードには、赤いベレー帽を被った、あどけない横顔の少年少女愛国隊まで参加していた。インタビューに答えて、「国のために命を捧げる」とまで言っていた。日本人にとってはいつか来た道なのである。

イギリスBBCは2024年4月に、ロシア側の戦死者が5万人を超えたと報じた。2年目の戦死者の数が1年目より多い2万7千人だという。一方、ゼレンスキー大統領はウクライナの死者数が3万1千人に上ったと発表した。この数字は更新され続ける。

侵攻されたウクライナの惨状は目に余るが、西側の武器の供与で何とか持ちこたえているのを見ると、やはり力の均衡の論理が現実的であることを認識させられる。国家、そして人間の本質とその歴史に思いを致すと、戦争の可避性については、どうしても悲観的にならざるを得ない。戦さの予感に長らくびくついてきた前期高齢者以下の我々とて、いつか目の前が崩壊し、後期高齢者のように、戦さの体験者になりうるのだ。それを回避するすべがあるのか私にはわからないが、この世界がますます小さくなっていくことで、以前は見えなかった外国の人々の顔が見えるようになることにより、戦前のような鬼畜米英の発想が消えていく過程に我々はいるのではないか——つまり我々と同じ喜怒哀楽をもった人間同士という認識が普通になっていけば、何とか未来の展望も開けるのではないかと一市民として願うしかない一方、国の利権や信条は譲りがたく、へーゲルが言ったように、テーゼ（命題）、アンチテーゼ（反命題）がぶつかりあってジンテーゼ（合命題）が生み出される繰り返しで人間世界は前進せざるを得ないのかなと観念したりもする。

著者プロフィール
南城秀夫（なんじょうひでお）

昭和25年　那覇市首里生まれ
昭和49年　エルカミーノ大学教養学部終了
昭和53年　コロンビア大学社会学部卒業
平成３年　オクラホマ大学大学院行政学部卒業 修士
平成14年　オクラホマ大学大学院経済学部卒業 修士
英語講師、広告代理店、専門商社アメリカ代表、
国際協力関係通訳を経て、現在、経営学・心理学
講師、及び沖縄アメリカ協会事務局長
著書に『リュウキュウ青年のアイビー留学記』（文芸社）
『リュウキュウの少年』（ボーダーインク）
『戦士を送る街角』（ボーダーインク）

最も近くて遠い学校
基地内大学院
“We all have hopes”

2024年10月31日　初版第一刷発行

著　者　南城 秀夫

発行所　新星出版株式会社
〒900-0001
沖縄県那覇市港町 2-16-1
電話（098）866-0741
印　刷　新星出版株式会社

ISBN978-4-910937-27-4 C0037
定価はカバーに表示してあります。